Des mets et des mots,
un roman en 40 recettes

LES ÉDITIONS DES INTOUCHABLES
512, boul. Saint-Joseph Est, app. 1
Montréal (Québec)
H2J 1J9
Téléphone : 514 526-0770
Télécopieur : 514 529-7780
www.lesintouchables.com

DISTRIBUTION : PROLOGUE
1650, boul. Lionel-Bertrand
Boisbriand (Québec)
J7H 1N7
Téléphone : 450 434-0306
Télécopieur : 450 434-2627

Impression : Marquis imprimeur inc.
Conception graphique : Marie Leviel
Photographies : Maxime Juneau
Direction éditoriale : Marie-Eve Jeannotte
Révision : Corinne De Vailly,
Patricia Juste Amédée
Correction : Élaine Parisien
Titres composés en MEgalopolis Extra
de Jack Usine

Les Éditions des Intouchables bénéficient du soutien financier du gouvernement du Québec — Programme de crédit d'impôt pour l'édition de livres — Gestion SODEC et sont inscrites au Programme de subvention globale du Conseil des Arts du Canada.

Nous reconnaissons l'aide financière du gouvernement du Canada par l'entremise du Fonds du livre du Canada (FLC) pour nos activités d'édition.

Membre de l'Association nationale des éditeurs de livres.

Société de développement des entreprises culturelles Québec

Association nationale des éditeurs de livres

Conseil des Arts du Canada
Canada Council for the Arts

Dépôt légal : 2011
Bibliothèque et Archives nationales du Québec
Bibliothèque nationale du Canada

ISBN : 978-2-89549-421-8

Giovanni Apollo tient à remercier Albane Cannaferina pour sa patience et son aide, ainsi que Jean-Michel Bardet... qui est toujours là.

Nous remercions Tenue de soirée pour le prêt des nappes et des parures de table.

Tenue de Soirée

Giovanni Apollo

Pierre Szalowski

Des mets & des mots

Un roman en 40 recettes

LES INTOUCHABLES

Mot après mot, ingrédient après ingrédient, les auteurs ont sans cesse partagé leur imaginaire pour évoluer entre saveurs et situations.

Avant-propos

La littérature et l'art culinaire ont de nombreux points communs, tant dans la genèse que dans la consommation. Quand on déguste un plat, ou que l'on savoure un roman, on part en quête d'un petit plaisir, d'une grande évasion ou d'une simple découverte. Mais aussi, parce que le plaisir est toujours plus grand quand on le partage, aux gens que l'on aime, on souhaitera offrir un ouvrage chéri, ou les recevoir en préparant ce plat que l'on a savouré, parce que l'on sait qu'ils l'apprécieront tout autant.

Si la dégustation et la lecture offrent des plaisirs comparables à ceux qui s'en délectent, on découvre que les actes créatifs dont ils résultent, qu'à première vue tout sépare, vibrent du même désir de se dépasser. Le chef cuisinier et l'écrivain ont ceci en commun qu'ils prennent plaisir à offrir du plaisir. Le premier, à l'instant où le convive mettra sa fourchette en bouche, guettera le plissement des yeux de celui qui savoure. Quant au second, il cherchera ce petit sourire, ou cette larme discrète, dans l'œil du lecteur qui parcourt ses lignes. Le travail accompli trouvera alors sa récompense dans ces moments de grâce.

L'effort à accomplir pour parvenir au summum est aussi très comparable. Même si le chef cuisinier est souvent entouré d'une équipe, l'assiette finale qu'il propose est le résultat de sa vision, de son point de vue et de son inspiration. Il en va de même pour l'écrivain qui, mot après mot, forge son opinion à travers une histoire et des événements qu'il décrit à sa manière. C'est pourquoi, dans les deux cas, on parle d'un véritable travail d'artiste.

Ce livre, qui a mis au défi deux êtres aux métiers qui pouvaient apparaître si différents, est, en fait, le fruit d'une vraie rencontre entre deux créateurs qui se comprennent et se respectent parce qu'ils font, chacun dans leur registre, la même chose : partir de rien, ou du commun, pour le magnifier.

Les recettes que vous découvrirez dans ces pages ont inspiré l'histoire, tout comme d'autres ont dû naturellement s'y glisser. Mot après mot, ingrédient après ingrédient, les auteurs ont sans cesse partagé leur imaginaire pour évoluer entre saveurs et situations.

C'est pourquoi *Des mets et des mots* est un ouvrage rare et précieux ; sa genèse est unique, tout comme son résultat. Nous vous souhaitons un beau voyage dans nos pages, une belle évasion, en dégustant les mots pour mieux savourer les mets.

Giovanni Apollo & Pierre Szalowski

1.

Et c'est comme ça que tout a commencé

Il était midi, ce dimanche. Elle serait ponctuelle, il n'en doutait pas. Encore une fois, Thomas allait s'adonner à son numéro favori : improviser et inventer. Pourtant, elle lui avait plu dès le premier regard. Alors, pourquoi lui avait-il dit ça ?

Tout avait commencé trois jours plus tôt, dans un bar. Il était vingt-deux heures quand Thomas y était entré, saluant de la tête le patron et les habitués. Une fois par mois, jamais une de plus, il fréquentait cet endroit ordinaire, dans une rue ordinaire, avec des clients ordinaires. Il avait développé, voilà bien longtemps, une théorie qui devait servir à nourrir son inspiration. Selon lui, après vingt-deux heures, quand la nuit noire devient noir foncé, se découvrent au comptoir les seigneurs de la nuit. Ils s'expriment sur tout, sans retenue et sans limites, car ici on peut dire ce que l'on veut, ou plutôt, n'importe quoi.

— Quand j'ai été repêché dans le junior majeur, juste devant Guy Lafleur, ils m'ont proposé un million sous la table. Mais j'ai dit non parce que l'argent fait pas le bonheur !

Personne ne cherche à vous croire parce que personne ne cherche vraiment à savoir qui vous êtes. Dans un bar, le soir, on noie sa vie en se créant, l'espace d'une partie, une autre réalité. Comme dans un jeu vidéo, cette réalité est virtuelle. Comme dans un jeu vidéo, on en est le héros. Et comme dans un jeu vidéo, si l'on échoue, on peut recommencer la partie.

— Quand j'ai été repêché dans le junior majeur, juste derrière Guy Lafleur, ils m'ont rien proposé, alors je leur ai dit d'aller se faire voir. Se faire écraser la face contre la bande pour zéro dollar, franchement ?... Hey, tu pourrais m'écouter quand je parle !

Au moment où Thomas était entré, elle était déjà là, assise à une table à l'écart, ne cherchant à croiser aucun regard, solitaire et triste. Immédiatement, elle lui avait plu et il était resté longtemps à l'observer sans qu'elle le remarque. Au bout d'un moment, il s'était décidé à l'approcher. Elle avait juste levé les yeux, sans un mot. Il s'était alors présenté à elle, et avait réussi à la faire parler, mais juste un peu.

— Marie-Ève...

— Quel beau prénom... L'amalgame d'une sainte et d'une croqueuse de pomme !

— Après la sale journée que je viens de passer, il ne me manquait plus qu'une joke bien plate !

Thomas avait semblé regretter, un instant, sa petite digression « prénominologique », mais quand la jeune femme avait fini par esquisser un petit sourire, il en avait déduit qu'à défaut d'éclater de rire, elle avait au moins apprécié le bon mot. Sans demander, mais sans non plus qu'elle proteste, il en avait immédiatement profité pour s'asseoir face à elle et dire ce que n'importe qui aurait dit à ce moment :

— Vous venez souvent ici ?

Il avait posé la question en devinant la réponse et n'avait pas été surpris quand elle lui avait avoué avoir mis les pieds dans ce bar pour la première fois, ce soir-là. Marie-Ève avait fini par montrer de l'intérêt, mais juste ce qu'il faut, enfin juste ce qu'il faut pour être polie.

— Vous faites quoi dans la vie ?

Thomas, jusqu'alors volubile, avait cette fois pris son temps avant de répondre et avait même levé les yeux au plafond, semblant y chercher de l'aide. La belle femme s'était étonnée de son soudain silence, mais n'avait pu masquer sa stupéfaction en entendant la réponse. Sa curiosité, piquée au vif, avait rapidement fait place à une grande inquiétude lorsqu'il avait commandé son troisième verre.

— Et vous buvez toujours autant, quelques heures avant de décoller ?

Ça lui était venu comme ça, à Thomas, une inspiration instantanée alors qu'il regardait en l'air. Le patron, qui servait pourtant de la très bonne bière et cuisinait le hot dog comme personne, avait cependant des goûts quétaines et, sans même demander l'avis de sa femme, avait décidé de faire peindre au plafond une immense fresque représentant un ciel bleu azur, un soleil jaune canari et des outardes en plein vol. Thomas aurait pu ne pas mentir, dire la vérité.

— Je suis écrivain.

Mais là, à coup sûr, elle aurait fini par dire un truc du genre :

— Dites-moi le titre de votre livre, que j'aille l'acheter !

Et au lieu de patauger dans le bonheur du fugace instant présent qui reposait, certes, sur un petit mensonge, la discussion aurait immanquablement basculé sur les vérités de la vie, la vraie, et sur cette injustice qui distingue les mauvais auteurs, chanceux d'être publiés, des bons qui ne le sont jamais. Mais le vrai problème de Thomas, c'est qu'il n'y avait pas de livre à acheter parce que le manuscrit entamé n'avait jamais été terminé. Alors, devant l'inquiétude de la jeune femme de le voir commander un nouveau verre de vin, il avait répondu ce qu'il pensait le plus rassurant, dans l'instant.

— Nous, les pilotes de ligne, nous vivons sur notre réputation. Mais, au fond, nous sommes des hommes comme les autres !

Marie-Ève, amusée, avait longuement fixé cet homme, tombé du ciel, qui n'était peut-être pas comme les autres. En retour, il l'avait gratifiée de son plus joli sourire, qu'il avait vraiment très beau. Thomas ne regrettait plus de ne pas avoir dévoilé sa vraie activité, ou plutôt inactivité, parce que la cruelle vérité aurait certainement fait replonger la belle femme dans la tristesse. Et puis, pour la conversation, il y a des métiers qui suscitent plus de curiosité que d'autres.

— C'est quoi, votre avion ?

— Euh... un... Boeing... sept cent... sept cent... dix... neuf !

— J'en avais jamais entendu parler, de celui-là.

— Ah bon ? Pourtant, il est assez connu... Long... Deux ailes... deux réacteurs... La feuille d'érable Air Canada sur la carlingue... Les passagers sur des sièges les uns à côté des autres... et des petites toilettes au fond... pis à l'avant aussi...

— Vous me ferez faire un tour ?

Le mensonge, c'est comme le tennis. Tant que la balle reste sur le court, on s'amuse, mais si elle passe au-dessus du grillage qui entoure le terrain, on n'a plus de balle et on ne peut plus jouer. Alors, quoi qu'il arrive, il faut toujours la rattraper, peu importe le style.

— C'est que là, avec les consignes de sécurité des Américains, ça ne va pas être facile. Mais laissez-moi votre numéro de téléphone, que je vous rappelle si jamais ils changeaient d'avis...

Les femmes apprécient souvent l'audace chez les hommes qui tentent de les séduire, mais la prudence doit toujours être de mise, même s'ils vous paraissent irrésistibles. Marie-Ève avait donc hésité un instant, mais pas bien longtemps, avant de plonger la main dans son sac pour en sortir un stylo et un petit carnet, qu'elle avait ouvert sur une page vierge, puis qu'elle avait glissé, sur la table, jusqu'à Thomas.

— Je préfère que ça soit vous qui me donniez votre numéro, question de principe...

Alors que Thomas écrivait avec le plus grand soin, afin d'être certain que les chiffres de son numéro de téléphone puissent être bien lus, elle l'avait observé et avait lâché, comme ça, l'air de rien, badine :

— On vous a déjà dit que vous ressemblez à Thomas Crown dans le film *L'Affaire Thomas Crown* ?

— Non, et d'ailleurs je n'ai jamais vu ce film.

— Je suis certaine que vous l'aimeriez.

— Ça parle de quoi ?

— D'un escroc.

— Ah ?

— Mais d'un sympathique escroc.

— Vous me tentez, là.

La tristesse avait définitivement quitté Marie-Ève. Dans ses yeux, on pouvait maintenant lire qu'au-delà d'un sincère intérêt pour Thomas, il y avait aussi, et surtout, de l'espoir. Il n'eut aucun mal à le remarquer et, comme lui aussi avait le sentiment d'être devant une personne qui pourrait devenir bien plus qu'une rencontre d'un soir, il s'était lancé :

— Avant que je vous fasse faire un tour d'avion, nous pourrions nous revoir, qu'en dites-vous ?

— C'est une bonne idée, on n'est jamais assez prudente avant de monter dans un avion avec un inconnu... Et vous pourriez alors m'expliquer comment ça marche pour pas que je vous dérange avec mes questions durant le vol.

— Que diriez-vous de dimanche ? Je serai revenu de... euh... d'Afrique... de Kinshasa... au Zaïre !

— Air Canada dessert le Zaïre ?

— Oui, un vol direct...

— Direct ?

Il avait opiné comme, imaginait-il, un pilote de ligne aurait pu le faire dans de telles circonstances. Tout sourire, Marie-Ève avait alors regardé sa montre et déclaré qu'il était bien tard et qu'elle devait maintenant le quitter, puisqu'elle se levait tôt, elle aussi.

— À votre place, Thomas, je ne traînerais pas trop longtemps ici, n'oubliez pas que vous décollez demain à sept heures pour le... Zaïre !

— Vous avez raison, Marie-Ève, pas question de mettre deux cents passagers en retard ! Et si je veux vite vous revoir, plus tôt je partirai, plus tôt je reviendrai !

Lorsqu'elle s'était dirigée vers la sortie, il l'avait, bien entendu, suivie des yeux jusqu'à ce que, passant le pas de la porte, elle lui fasse un dernier signe. Au regard qu'elle avait eu avant de disparaître, il ne doutait pas qu'elle l'appellerait, non par arrogance, mais parce qu'il arrive, des fois, que la certitude n'ait besoin d'aucun mot pour être sincèrement partagée.

Thomas avait alors plongé la main dans sa poche pour en saisir l'entier contenu. En regardant les trois vieux billets de loterie perdants et la coupure de vingt dollars dont il allait devoir se séparer pour payer les consommations de la soirée, il avait regretté de ne pas lui avoir dit la vérité. Mais il était trop tard, il ne pouvait plus reculer.

Et c'est comme ça que tout a commencé.

2.

Je vais attendre le Camerounais de dix heures

Dans les allées du grand marché, ce matin-là à l'aurore, déjà on se bousculait. Les étalages, tous plus alléchants les uns que les autres, proposaient ce que l'on trouvait de mieux, mais, surtout, ce que l'on ne trouvait pas ailleurs. Il suffisait de bien écouter ceux qui derrière les étals criaient bien fort aux oreilles des clients.

— Il est bon, mon couscous ! Il est bon, mon couscous !

— C'est pour qui, les belles oranges de Floride ?

— Du fromage de France, du vrai, ici et nulle part ailleurs !

— De la bonne saucisse de Pologne ! De la bonne saucisse de Pologne !

— Ici, du caviar de Russie !

Thomas, le seul à ne porter aucun sac à provisions, terminait, pour la troisième fois, de parcourir toutes les allées du marché. N'ayant pas trouvé ce qu'il cherchait, il s'arrêta. Après un petit moment de réflexion, il entreprit d'en faire le tour pour une quatrième fois, mais, ne voulant plus marcher pour rien, il décida de demander, cette fois, son chemin.

— Il est bon, mon couscous ! Il est bon, mon couscous !

— Excusez-moi !

— Il est bon, mon couscous ! Il est bon, mon... Bonjour, c'est pour combien de personnes, monsieur ?

— Je ne cherche pas du couscous, mais juste quelqu'un qui puisse me renseigner sur la cuisine africaine.

— C'est Allah qui t'envoie, monsieur ! Le couscous, c'est africain parce que le Maroc est en Afrique !

— Je vous remercie, mais je cherche plus précisément quelqu'un qui pourrait me parler de cuisine zaïroise. Savez-vous s'il y a un stand, ici ?

— Non, monsieur, tu vas pas trouver ici quelqu'un du Zaïre, et tu sais pourquoi, monsieur ?

— Non...

— Parce que, le Zaïre, il existe plus depuis 1997 ! C'est redevenu la République démocratique du Congo. Et tu sais pourquoi je sais ça, monsieur ?

— Non...

— Parce que j'étais professeur de géographie à l'Université de Rabat. Là, je vends du couscous, parce que ça paye mieux.

Thomas, bien élevé, n'eut pas d'autre choix que d'écouter la vie de cet homme chaleureux qui, tout en la racontant, semblait la revivre, tant il gesticulait, riait, pleurait, se lamentait, bénissant Dieu, au passage, de lui avoir donné la chance de rencontrer une femme formidable, qui lui avait fait six beaux enfants, avec qui il aimait passer les beaux dimanches à la plage, les pieds dans l'eau.

— Faut juste faire attention au soleil, monsieur, parce qu'y a des jours où il tape vraiment fort!

Et puis, oui, il avait dû abandonner son métier de professeur et le sable chaud, mais son stand au marché le rendait heureux, rapportait de quoi nourrir la famille, et lui rappelait chaque matin, par les effluves que dégageaient les produits qu'il y vendait, son pays natal.

Quand le volubile vendeur entreprit de dévisser, avec ses dents, le bouchon récalcitrant d'un tube de harissa, fait maison, pour que Thomas le goûte, celui-ci en profita pour reprendre la parole:

— Mais comment je vais faire, moi, pour mon Congolais?

— Y a pas de Congolais au marché, monsieur, y a juste un Camerounais, l'inspecteur de la ville, il passe toujours à dix heures.

— Je vais attendre le Camerounais de dix heures.

Couscous de crevettes et clémentines

PRÉPARATION : 20 minutes CUISSON : 30 minutes PORTIONS : 4 personnes

- 225 g (1/2 lb) de couscous instantané
- Huile d'olive
- 1 oignon, en gros morceaux
- 2 courgettes, en gros morceaux
- 1 rutabaga, en gros morceaux
- 2 poivrons rouges, en grosses lanières
- 30 ml (2 c. à soupe) de purée de tomate
- 2 ou 3 gousses d'ail, écrasées
- 2,5 ml (1/2 c. à thé) de poudre de cumin
- 5 ml (1 c. à thé) de paprika
- 500 ml (2 tasses) de crevettes de bonne taille
- 5 clémentines, épluchées, en quartiers

Préparer le couscous en suivant les instructions du fabricant et réserver au chaud.

Dans une poêle, mettre un peu d'huile d'olive et faire blondir l'oignon à feu moyen pendant 5 minutes. Ajouter les légumes, le cumin et le paprika, et cuire durant 3 minutes. Verser de l'eau à hauteur des légumes et cuire pendant 15 minutes à feu moyen. Vérifier la cuisson des légumes. Lorsqu'ils sont cuits, ajouter les crevettes. Rectifier l'assaisonnement et cuire durant 5 minutes. Mélanger le tiers des clémentines aux légumes et les deux tiers qui restent au couscous. Servir le tout bien chaud.

3.

Vous allez vous régaler !

Seule dans l'immense salle à manger, Marie-Ève attendait, assise à la grande table, alors que, dans la cuisine, des portes de placards, que l'on ne cessait d'ouvrir et de refermer, claquaient sans fin. Devant elle, des couverts en argent, et deux verres à pied, d'un éclat stupéfiant. Curieuse, elle saisit l'une des trois fourchettes poinçonnées, placées à sa gauche, ordonnées de la plus petite à la plus grande, pour faire tinter l'un d'eux. Le ding qui n'en finissait plus confirma ce qu'elle pressentait. Les verres étaient en cristal.

Face à elle, au mur, diverses toiles représentant des scènes de chasse à courre donnaient à ce grand loft, qui dominait les toits de la ville, des airs de salle de fête des châteaux de la Loire. Le souvenir était frais. Elle les avait visités seule l'été précédent, après sa dernière et difficile séparation. Une de plus. Pour contenir la tristesse et l'impression de gâchis qui ne manqueraient pas de l'envahir si elle ne repoussait pas, dans l'instant, ces cruels souvenirs, elle s'attarda à observer, dans le détail, les tableaux. Elle s'amusa ensuite à compter combien de chiens chaque peinture présentait. En passant de l'une à l'autre, ses yeux se posèrent sur des rectangles plus clairs, éparpillés entre les toiles. Aux petits trous dans le plâtre qui se trouvaient au-dessus, à l'évidence laissés par des clous, il était facile de deviner que d'autres cadres avaient un jour été accrochés là. Alors que Marie-Ève se demandait s'ils avaient pu représenter également des chiens, et pourquoi pas des meutes, Thomas passa la tête par la porte de la cuisine.

— Je suis désolé, Marie-Ève, je range toujours les plats et les assiettes dans le même placard, mais je pense que la femme de ménage a dû les déplacer durant les travaux sans penser à me dire où elle avait bien pu les mettre. Franchement, on ne peut plus faire confiance à personne de nos jours !

— À qui le dites-vous, Thomas...

La symphonie des placards reprit immédiatement et Marie-Ève en profita pour faire le calcul final du nombre de chiens. Il y en avait exactement deux cent douze. Alors qu'elle entreprenait le décompte des cors de chasse, elle entendit un énorme craquement dans la cuisine. On venait d'y briser quelque chose. Elle ne put retenir une moue amusée en imaginant cet homme, qu'elle connaissait si peu, en train de se débattre seul après avoir refusé son aide sous prétexte qu'elle aurait pu se blesser avec un clou dans les gravats. Thomas apparut avec, dans une main, ce qui semblait être un poulet fumant et, dans l'autre, deux carreaux de faïence qu'il s'empressa de poser entre les fourchettes et les couteaux, juste face aux verres de cristal. Il déposa ensuite le plat, avant de prendre place à table.

— Très élégant, Thomas...

— C'est... euh... une coutume de Bamako !

— Bamako?

— Vous ne connaissez pas? C'est en Afrique. J'en reviens justement. Un vol de nuit.

— Vous m'aviez parlé de Kinshasa au Zaïre!

— J'ai dû me tromper. C'était Bamako, je vous assure.

— En tout cas, j'ignorais qu'à Bamako ils servaient le poulet sur des portes de placard pour les déguster ensuite sur des carreaux de faïence.

— C'est parce que c'est l'un des secrets les mieux gardés de Bamako.

Comme toute femme sensée, Marie-Ève aurait dû lever les yeux au ciel et pouffer face à l'énormité que venait de lui rétorquer Thomas. Mais c'est d'un sourire qu'elle lui répondit, y ajoutant une moue approbatrice. Le poulet servi sur porte de placard était au fond du plus bel effet et jamais, dut-elle admettre, elle n'avait été aussi originalement reçue. De plus, le fumet qui se dégageait de la chair rôtie laissait présager un délice. Et ce fut effectivement le cas.

— Vous cuisinez divinement bien.

— Laissez-moi vous raconter... Durant ma courte escale à Bamako, spécialement pour vous, je suis allé dans le plus grand restaurant de la ville où j'ai réussi à extorquer au cuisinier, après d'interminables palabres, cette recette dont il n'avait jamais voulu dévoiler le secret, ni à sa mère ni même au sorcier de son village natal.

— Vous êtes un homme absolument incroyable!

Thomas ne put masquer la profonde satisfaction qui soudain l'envahit. Mais, comme tous les hommes dont l'ego vient d'être savamment flatté par une femme, il finit à la longue par prendre un air crétin. Et même si, dans cet état, Marie-Ève le trouvait tout aussi charmant, pour le laisser revenir à lui, elle se détourna pour regarder, un moment, ailleurs.

— C'est vraiment beau chez vous !

— J'ai si peu le temps de m'en occuper. Si vous saviez...

— J'adore vos toiles.

— Mes toiles ?

— Derrière vous...

— Ah oui !... Mes toiles... bien sûr... derrière moi... Je suis si peu ici à cause de mes voyages incessants que j'en arrive à ne plus savoir ce que je possède.

— Dur métier que celui de pilote de ligne.

— Vous avez tellement raison. Les Boeing, les vols transatlantiques de nuit, seul à survoler la planète, ces passagers qui vous adulent, ces hôtesses qui vous courent après, le flamboyant logo d'Air Canada à la boutonnière... On en rêve durant toute son enfance, mais la réalité nous rattrape toujours.

— En parlant de réalité, Thomas, vous ne m'avez jamais demandé ce que je fais dans la vie.

— Ah oui, c'est vrai, ça. Que faites-vous dans la vie ?

— Vous n'allez pas me croire, je travaille aussi dans l'aviation civile.

— Oh, quel hasard...

— À Air Canada !

— Oh... un autre hasard !

— Vous voulez savoir ce que j'y fais ?

— On peut parler d'autre chose si vous voulez ?

— Je suis responsable de la gestion de la flotte ! Donc, pour être bien franche, j'ai quelques questions à vous poser sur le Boeing 719. Simple curiosité féminine...

— Le Boeing 719 ?

— Oui, vous savez, celui que vous pilotiez vers Bamako...

Thomas resta un instant à fixer Marie-Ève qui le défiait maintenant des yeux. Alors qu'elle s'apprêtait à parler en le pointant d'un doigt qui, à l'évidence, n'allait pas tarder à être accusateur, il se leva en souriant pour disparaître rapidement vers ses fourneaux.

— J'ai oublié le dessert !

— Je n'ai pas fini de parler !

Thomas ne passa que la moitié de la tête par l'entrebâillement de la porte de la cuisine.

— Attendez, vous allez vous régaler !

**J'ai réussi à
extorquer au cuisinier,
après d'interminables
palabres, cette recette
dont il n'avait jamais
voulu dévoiler le secret,
ni à sa mère ni même
au sorcier de son
village natal.**

Mousseline d'aubergine

et de courge aux arachides, huile vierge et tartare de tomates à la coriandre

PRÉPARATION : 15 minutes CUISSON : 50 minutes PORTIONS : 4 personnes

- 1 aubergine
- 500 ml (2 tasses) de courge Butternut (courge musquée), épluchée, en gros cubes (1 courge)
- Sel et poivre
- 15 ml (1 c. à soupe) de beurre d'arachide
- 1 tomate, émondée et épépinée
- 10 feuilles de coriandre, hachées
- 15 ml (1 c. à soupe) d'huile d'olive

Couper l'aubergine dans le sens de la longueur et inciser la chair. Saler, poivrer et disposer sur une plaque allant au four avec les cubes de courge. Cuire au four à 180 °C (350 °F) pendant 40 minutes.

Retirer la pulpe de l'aubergine et laisser sécher au four avec la courge de nouveau pendant 10 minutes.

Placer la courge et l'aubergine dans un mixeur et pulser en ajoutant le beurre d'arachide. Saler, poivrer et réserver au frais. Concasser la tomate en petits dés et la laisser dégorger sur du papier absorbant, puis, dans un bol, mélanger délicatement la tomate, la coriandre et l'huile d'olive. Saler et poivrer. Servir une quenelle de mousseline d'aubergine surmontée de tartare de tomates bien frais.

Poulet entier

farci de laurier sous la peau, vapeur de feuilles de bananier, sauce comme un *yassa* (lime-piment-oignon)

PRÉPARATION : 10 minutes CUISSON : 50 minutes PORTIONS : 4 personnes

- 1 poulet de 1,5 kg (3 lb)
- 6 feuilles de laurier
- Sel et poivre
- 3 feuilles de bananier

La sauce yassa

- 750 ml (3 tasses) de bouillon de poulet
- 2,5 ml (1/2 c. à thé) de piment fort
- Le jus de 3 limes
- 1 oignon, haché

Inciser la peau du poulet à 6 endroits différents, y glisser les feuilles de laurier, puis saler et poivrer généreusement. Envelopper le poulet dans les feuilles de bananier et le placer dans un plat allant au four. Cuire au four à 190 °C (375 °F) pendant 40 minutes. Retirer les feuilles de bananier et remettre à cuire au four à 200 °C (400 °F) pendant 10 minutes afin que le poulet soit bien doré.

Pendant ce temps, porter à ébullition dans une casserole le bouillon de poulet, le piment, le jus de lime et les oignons. Laisser mijoter à découvert jusqu'à la moitié de l'évaporation. Filtrer et réduire de nouveau d'un quart. Rectifier l'assaisonnement et réserver au chaud. Servir le poulet bien chaud accompagné de jus.

4.

Alors, on va dire qu'il m'attire...

— Tu l'as crissé là, j'espère ?

— Marie, on en a tellement crissé là qu'il va finir par plus en rester un seul en ville à crisser là !

L'éclat de rire fut partagé par la tablée, enfin, la petite tablée, puis cessa rapidement. Des trois femmes assises, aucune n'avait passé la quarantaine, mais l'échéance n'était plus très loin. L'une était blonde, l'autre, rousse, et la dernière, brune. Elles étaient toutes fans de *La Galère*, sortaient ensemble dans les cinq à sept du jeudi soir et soupaient chez l'une ou chez l'autre le premier dimanche de chaque mois pour faire le bilan de leur vie.

— Et toi, Martine, ça va comment sur Réseau contact ?

— Dans mon cas, ça serait plutôt « zéro contact »...

Marie-Ève posa la main sur l'épaule de Marie, qui ne put s'empêcher de soupirer en entendant Martine raconter sa énième débâcle.

— Tu vois, Marie, les hommes, c'est comme les champignons, quand tu en trouves un, avant de le jeter à le croire vénéneux, mieux vaut s'assurer de ne pas en jeter un bon !

— C'est vrai, ça ! Regardez Esther ! Elle était certaine que le gars lui mentait quand il lui disait qu'il était joueur de hockey dans la LNH, puis il a fallu qu'elle le voie se faire casser le nez dans la baie vitrée, alors qu'elle entrait au dépanneur, qui regardait RDS, pour découvrir qu'il ne lui mentait pas.

— La chance qu'elle a eue, elle...

— Esther, elle a vraiment pogné le gros lot...

Les trois amies, dans un lourd silence, se tournèrent alors vers le mur. Sur une grande photo, huit femmes souriantes à l'aube de la trentaine posaient devant une grande banderole sur laquelle on pouvait lire, en énormes lettres : « Le Club des célibataires ». Elles s'étaient connues durant l'enfance ou l'adolescence, et avaient, à un an près, toutes le même âge. Ensemble, elles avaient partagé une vingtaine joyeuse sans jamais vraiment vouloir sceller leur avenir amoureux.

— Avant d'être pognée avec le même pour la vie, on va commencer par profiter de la vie !

Elles s'étaient donc donné rendez-vous à trente ans et avaient fondé ce club. Au début, il était surtout prétexte à se retrouver encore, et à rire. Ainsi, à tour de rôle, chacune recevait les autres et se devait de cuisiner de son mieux.

— Je sais, c'est cochon, mais c'est tellement bon ! Je suis pas capable de dire non.

Puis le temps avait fait son œuvre. Une à une, elles s'étaient envolées vers une vie à deux, un conjoint, parfois pour se marier. Pour certaines, des enfants étaient vite nés.

— Hey, mes chums de filles du Club des célibs... vous êtes toutes sa marraine !

Aujourd'hui, sept ans plus tard, elles n'étaient plus que trois, les trois dernières. Les grands éclats de rire à narrer les dragues malhabiles des hommes à leurs pieds, ces actes manqués, avaient laissé place à l'idée angoissante de franchir cette muraille de la quarantaine. Celle qui vous fait passer de célibataire à vieille fille.

— Qui aurait cru que Manon aurait trouvé si vite...

— Oui, mais Manon, elle est avec un con!

— Oui, mais elle n'est pas seule!

— Ben, moi, je préfère être seule qu'être avec un con!

— Ben, tu vois, moi, des fois, je suis plus vraiment sûre de préférer être seule...

Le premier dimanche de chaque mois, le dépit, nourri par le doute, planait un moment. Elles avaient déjà évoqué la possibilité de ne plus se voir, se demandant si ces réunions n'étaient pas les prémices d'un enterrement annoncé. Mais elles se connaissaient tellement, chacune sachant si bien ce que les autres attendaient, qu'elles avaient préféré maintenir la tradition. Parce que partager les espoirs de l'une permettait aux autres de croire que tout était encore possible.

— Bon, alors, ton pilote de ligne, tu l'as crissé là ou pas?

— Non.

— Même s'il t'a menti?

— Regarde, toi, Martine, tu dis bien que t'as trente-deux ans sur Réseau contact et, pourtant, t'en as cinq de plus?

— Oui, mais ça, c'est pas pareil, c'est juste pour les attirer!

— Alors, on va dire qu'il m'attire...

Moelleux minute et coulis de papaye au miel

PRÉPARATION : 5 minutes CUISSON : 30 secondes PORTIONS : 4 personnes

Le moelleux

- 250 ml (1 tasse) de lait concentré sucré
- 250 ml (1 tasse) de lait
- 250 ml (1 tasse) de noix de coco, râpée
- 30 ml (2 c. à soupe) de sucre
- 2 œufs

Le coulis

- 500 ml (2 tasses) de papaye, en cubes
- Le jus de 1/2 citron
- 15 ml (1 c. à soupe) de miel
- 125 ml (1/2 tasse) d'eau

Cuire dans une casserole, à feu moyen, les papayes, le jus de citron et le miel pendant 10 minutes en ajoutant l'eau. Puis mixer et réserver au frais.

Mixer tous les ingrédients du moelleux et filtrer. Verser la préparation dans des ramequins et cuire au micro-ondes 3 fois 10 secondes. Déguster tiède.

5.

Mais c'est quoi, ce bordel ?

Quand Thomas ressortit de la cuisine en tenant ce qui semblait être un outil, sur lequel reposait le dessert, Marie-Ève ne releva même pas l'incongruité de la présentation, tant celle-ci lui paraissait, avec cet homme, parfaitement normale. Il la défia de son plus beau sourire. Dieu qu'il était beau avec ses grands yeux bleus ! Mais, ne voulant pas s'y noyer, elle préféra fixer les verres en cristal, histoire de bien lui signifier qu'il l'avait interrompue en s'enfuyant dans la cuisine et qu'elle en avait été blessée. Il pointa les desserts, grandiloquent.

— Moelleux de mangue et banane avec son coulis de papaye au miel, servi sur spatules de maçon !

Marie-Ève ne broncha pas, même si, au fond d'elle, elle trouvait le plat servi avec tant d'originalité absolument extraordinaire. Thomas fit mine de ne pas remarquer le désintérêt de son invitée et entreprit de la servir avec délicatesse, poussant le savoir-vivre jusqu'à lui laisser la plus grosse des deux parts. Une fois assis, il sentit le regard plein de reproches qui ne le lâchait plus. Alors, il capitula.

— De quoi parlions-nous, déjà ?

— De votre métier...

— Mon métier...

— Comme je travaille à Air Canada, au service de la flotte, j'ai regardé tous mes listings, même les plus anciens. Je suis remontée à la création de la compagnie en 1937, c'est vous dire si j'ai essayé de le trouver, ce maudit avion, mais je n'ai découvert nulle trace de Boeing 719.

— Peut-être une série limitée?

— C'est votre argument qui est limité... Et vous savez quoi?

— Je ne suis pas certain de vouloir le savoir.

— Air Canada, en vol direct, ne dessert ni Kinshasa... ni Bamako.

Thomas, un instant déstabilisé, fixa Marie-Ève pendant de longues secondes. Puis, lentement, il sourit, reprit son assurance et la gratifia d'une moue exagérément bienveillante pour saluer sa perspicacité.

— On ne peut rien vous cacher, Marie-Ève.

— Ça doit bien être possible de me cacher des choses, mais disons que vous y êtes allé un peu fort et dans le mauvais domaine surtout. Pas de chance, quoi!

— Mais non, nous avons de la chance! Celle de nous trouver ensemble, à l'instant...

— Thomas, je n'ai pas eu beaucoup de chance dans ma vie ces derniers temps, alors avant de croire qu'elle a choisi aujourd'hui de se poser sur moi, j'aimerais savoir qui vous êtes vraiment. Je suis certaine que ça va me porter bonheur.

Thomas parut hésiter un moment, chercha des yeux un objet pour s'y raccrocher, comme quelqu'un qui s'efforcerait de trouver ses mots. Il regarda plusieurs fois autour de lui sans succès, avant de revenir aux verres de cristal. Son visage s'illumina. Il en saisit un, l'approcha de l'oreille de Marie-Ève et, d'une pichenette, fit tinter le précieux verre. Marie-Ève le repoussa, alors qu'il sonnait toujours.

— C'est bon, Thomas, je sais que c'est du cristal, j'ai déjà vérifié !

— Marie-Ève, je dois vous l'avouer, je suis né là-dedans.

— Vous êtes né dans un verre ?

— Mais non, c'est une métaphore. Je descends d'une grande et richissime famille bourgeoise venue de France au milieu du XVIIIe siècle. Vous allez me dire : mais pourquoi sont-ils restés malgré la capitulation de Montréal devant les Anglais en 1760 ? Parce qu'ici, c'était chez eux. En témoignent ces tableaux de mon aïeul qui possédait de vastes réserves de chasse dans les Laurentides. Moi-même, je me suis adonné un temps à la chasse, mais tuer d'innocents animaux tout en me coltinant la présence de cinquante chiens qui ne cessent d'aboyer, c'était pas pour moi. Alors, voilà, je...

— Dans les Laurentides ? Mais y a pas un seul sapin sur les tableaux. Et pas un seul érable...

— Ne m'interrompez pas, Marie-Ève ! Mais puisqu'il y a urgence, je vais vous expliquer pour les sapins et les érables... Hum !... hum !... Alors, voilà ! Les artistes du XVIIIe étaient des esprits libres et s'ils restaient précis sur les visages et les chiens, il leur arrivait de se laisser complètement aller en ce qui concerne la flore. Ils avaient le mal du pays, de la France perdue, si loin, pauvres émigrants de la première heure, déracinés. Vous comprenez maintenant pourquoi il n'y a ni érables ni sapins ?

Marie-Ève s'en voulut presque de l'avoir interrompu. Sa question lui paraissait logique, mais, ignorant tout de l'art et des mouvements artistiques des deux derniers siècles, elle ne pouvait argumenter. Elle choisit donc de capituler.

— Excusez-moi.

— Alors, voilà, je suis rentier et je possède une immense fortune qui, je dois vous l'avouer, me pourrit la vie. Si je le dis, tout le monde en veut à mon argent. Alors, je préfère le cacher pour voir si les gens m'apprécient pour qui je suis. C'est pourquoi j'ai préféré vous dire que j'étais pilote de ligne. Bien franchement, ça m'est venu comme ça.

— Mais, Thomas, il ne fallait pas. Je vous avais trouvé atti... euh... sédui... disons sympathique, sans jamais penser à ce qui aurait pu venir avec. Et votre fortune n'y aurait rien changé.

Un ange passa. Thomas et Marie-Ève se fixèrent un moment. Dans leurs regards, mille mots qu'ils se chuchotaient sans qu'aucun d'eux n'ose les prononcer.

C'est alors qu'on entendit la porte d'entrée s'ouvrir. Le visage de Thomas, qui exprimait encore une tendre bienveillance, vira à l'inquiétude. Celle-ci paraissait si grande qu'il ne prit pas la peine de s'excuser en se levant de table pour aller, ou plutôt courir, au plus vite, vers l'homme qui venait d'entrer.

— Mais qu'est-ce que tu fous là ? C'est dimanche !

Thomas ne répondit pas et posa immédiatement la main sur l'épaule de l'homme pour le conduire jusqu'à la table où se tenait son invitée.

— Marie-Ève, laissez-moi vous présenter Charles, mon coloc ! Enfin, Charles de La Blatinière des Grands Lacs de la Montérégie. Une grande famille ruinée pendant la Seconde

Guerre, que nous avons tenu à soutenir parce qu'elle a su conserver le principal : un sang pur et l'attitude gorgée de générosité des grandes lignées ! Hein, Charles ?

Charles, sa surprise passée, se résolut à confirmer d'un grognement, mais ne put s'empêcher de grogner encore plus fort lorsqu'il remarqua les rectangles blancs sur les murs, entre ses toiles de scènes de chasse. Bien qu'il fît l'effort de chuchoter à l'oreille de Thomas, Marie-Ève n'eut aucun mal à l'entendre.

— Où sont les photos avec ma mère ?

— Pas loin, pas loin... Je vais t'expliquer. Je suis certain que tu n'as pas mangé, viens t'asseoir avec nous. On va partager le dessert.

Joignant le geste à la parole, Thomas poussa fort sur les épaules de Charles qui n'eut d'autre choix que de s'asseoir sur la chaise vide. Alors que Marie-Ève le fixait, étonnée de la tournure des événements, Charles eut la politesse de lui sourire, comme si tout était normal. Il sursauta à la vue de la scie maculée des restes de la mousseline d'aubergine, mais ne put se contenir quand il découvrit les os du poulet posés sur une porte de placard. Il se releva d'un coup pour courir à la cuisine. On entendit alors comme une bête hurler.

— Mais c'est quoi, ce bordel ?

6.

Il est comment, son coloc ?

— Si tu regardes bien, ça s'est passé pareil pour Esther avec son hockeyeur. Il lui a pas vraiment dit au début ce qu'il faisait.

Marie, Martine et Marie-Ève se regardèrent. Y avait-il plus belle histoire que celle d'Esther ? Une vraie histoire d'amour, comme dans les films, qui avait commencé à l'endroit même où les histoires d'amour ne commencent que dans les films.

— Qu'est-ce qu'elle foutait au Provigo à trois heures de l'après-midi, déjà ?

Esther, en ce jour de février, à soixante-douze heures de la Saint-Valentin, était au plus bas de la déprime à s'imaginer encore seule trois jours plus tard, alors que tous les couples du monde entier célébreraient leur amour. En plein après-midi, sur un coup de tête, elle avait quitté le bureau pour courir chez Provigo. Dans le magasin vide à cette heure, elle s'était ruée sur le rayon confiserie et avait d'abord opté pour quatre belles tablettes de chocolat à 70 % de cacao. À la caisse, elle s'était ravisée en se voyant, au matin même de la Saint-Valentin, se vider de toutes ses larmes, encore plus seule, sur sa balance. Au moment où elle reposait dans le rayon les quatre tablettes, bien trop sucrées, pour prendre celles à 90 % de cacao, un chariot lui était rentré dans les fesses. L'homme de six pieds trois, qui portait des lunettes de soleil en ce mois de février nuageux, regardait ailleurs.

— Excusez-moi, je cherchais les barres de fruits énergétiques.

Et là, n'ayant pas eu le temps de manger le moindre carré de ses quatre tablettes de chocolat à 90 % de cacao qui lui aurait à coup sûr remonté le moral, en cet instant où une nouvelle fois le mauvais sort s'acharnait sur elle, Esther n'avait pu s'empêcher de pleurer. Mais elle n'avait pu, aussi, se retenir de marmonner entre deux larmes :

— Pourquoi, alors que le magasin est vide, que l'allée fait quinze pieds de large, un maudit chariot me rentre dans le cul ?

L'homme avait un instant hésité à reprendre ses recherches de barres énergisantes, puis avait capitulé face au cri de chaton blessé qui maintenant s'échappait de la gorge d'Esther. Bien poliment, il l'avait accompagnée à la caisse, avait insisté pour lui offrir les tablettes de chocolat. Toujours en pleurs, elle lui était alors littéralement tombée dans les bras.

— M'en veuillez pas, c'est pas mon genre, mais là, je suis vraiment à bout.

Quand il avait enlevé ses lunettes de soleil, dont elle avait tordu la monture en l'étreignant, Esther avait pris peur à la vue de son œil tuméfié. Elle s'était tout de suite détachée de lui.

— Mais qu'est-ce que vous vous êtes fait ?

— Oh, rien de bien grave, c'est juste un accident de travail…

Ce jour-là, Esther n'était pas retournée travailler. Pourtant, il ne l'avait invitée nulle part. Ils étaient simplement restés deux heures assis sur le trottoir, devant le Provigo, dans le froid, à parler de la vie. Plus le temps passait et plus il semblait l'écouter et surtout la comprendre.

— C'est vrai, ça ! Si vous aviez gardé le chocolat à 70 %, on ne se connaîtrait pas !

C'est à ce moment qu'il lui avait confié être joueur de hockey dans la Ligue nationale. Esther pensait qu'il mentait, comme tous les hommes. Elle avait bien pris son numéro de téléphone, pensant ne jamais le rappeler. Puis le lendemain, en allant au dépanneur, elle l'avait reconnu sur l'écran de la télévision posée au-dessus des casiers à cigarettes, alors qu'il se faisait casser le nez contre la rampe. Le soir de la Saint-Valentin, malgré son œil tuméfié et son nez brisé, elle l'avait trouvé vraiment beau. Beau de vérité, beau de franchise et, surtout, beau dedans. Et elle l'avait alors aimé.

— Stanley, même quand t'as tes Ray-Ban, j'ai l'impression que tes yeux me déshabillent.

Marie, Martine et Marie-Ève, cette équation à une inconnue vers le bonheur, elles se l'étaient souvent posée sans jamais trouver la bonne réponse. Il était évident que si Esther n'avait pas été déprimée, elle n'aurait pas fui en plein après-midi dans un Provigo. Si elle n'avait pas pensé à sa ligne, elle ne serait jamais retournée au rayon confiserie, n'aurait jamais rencontré son joueur de hockey, n'aurait jamais connu le grand amour, et n'aurait pas été, à l'instant

Au fond, l'amour
est toujours là, il n'est
jamais loin, mais on
peut passer une vie
entière sans jamais
le savoir pour ne
point l'avoir vu,
à trop le chercher.

même où les trois dernières célibataires noyaient leur solitude ensemble, en train de coucher ses deux magnifiques enfants, alors que, sur la route, son mari jouait en avantage numérique contre Buffalo.

Au fond, l'amour est toujours là, il n'est jamais loin, mais on peut passer une vie entière sans jamais le savoir pour ne point l'avoir vu, à trop le chercher. Et, souvent, il faut laisser au hasard le soin de vous le présenter. Martine et Marie ne purent se retenir de parler en même temps.

— Et il est comment, son coloc?

Carpaccio de morue marinée
et granité de lime à l'huile d'olive

PRÉPARATION : 15 minutes PORTIONS : 4 personnes

- 225 g (1/2 lb) de morue bien fraîche et épaisse
- Sel et poivre
- 15 ml (1 c. à soupe) d'échalote (oignon vert), hachée
- Le jus de 1/2 lime
- 15 ml (1 c. à soupe) d'huile d'olive

Le granité

- 125 ml (1/2 tasse) d'eau
- 60 ml (1/4 de tasse) d'huile d'olive
- 60 ml (1/4 tasse) de jus de lime
- 6 feuilles de basilic, hachées finement

Mélanger dans un bol tous les ingrédients du granité, puis placer au congélateur jusqu'à ce que la préparation commence à figer, soit 1 heure. À l'aide d'un fouet, briser les cristaux de glace et mélanger. Placer de nouveau au congélateur pendant 1 à 2 heures en prenant soin de briser les cristaux aux 30 minutes.

Couper la morue en tranches très fines (la placer au congélateur durant 30 minutes avant de la couper, cela facilitera la tâche). Déposer les tranches bien à plat dans une assiette. Saler et poivrer, parsemer d'oignon vert et badigeonner de jus de lime et d'huile d'olive. Réserver au réfrigérateur. Servir la morue accompagnée de granité.

Carpaccio de betterave jaune
et crabe des neiges

PRÉPARATION : 15 minutes CUISSON : 45 minutes PORTIONS : 4 personnes

- 1 à 2 grosses betteraves jaunes d'environ 340 g (3/4 lb)
- 30 ml (2 c. à soupe) d'huile d'olive
- 15 ml (1 c. à soupe) de vinaigre de Xérès
- Fleur de sel et poivre concassé
- 15 ml (1 c. à soupe) de mayonnaise
- Le jus de 1 citron
- 2,5 ml (1/2 c. à thé) de poudre de wasabi
- 250 ml (1 tasse) de crabe des neiges, émietté
- 15 ml (1 c. à soupe) de ciboulette, hachée
- Sel et poivre

Envelopper la betterave dans du papier aluminium, puis la placer dans un four préchauffé à 200 °C (400 °F) pendant 35 à 50 minutes, selon la taille. Piquer la betterave pour vérifier sa cuisson. Lorsque la betterave est complètement refroidie, la peler et la couper en fines tranches. Déposer les tranches sur une assiette de service. Arroser d'huile d'olive et de vinaigre, saler, poivrer et réfrigérer pendant 30 minutes. Pendant ce temps, dans un bol, mélanger énergiquement la mayonnaise avec le citron et le wasabi, puis ajouter le crabe et la ciboulette. Remuer de nouveau, délicatement. Rectifier l'assaisonnement et servir sur le carpaccio de betterave.

Carpaccio d'agneau
et vinaigrette de cidre de glace

PRÉPARATION : 15 minutes PORTIONS : 4 personnes

- 1 longe d'agneau désossée et parée d'environ 225 g (1/2 lb)

La vinaigrette

- 45 ml (3 c. à soupe) de cidre de glace
- 1 échalote (oignon vert), hachée finement
- Le jus de 1/4 de citron
- 60 ml (1/4 de tasse) d'huile d'olive
- Fleur de sel et poivre

Couper la longe d'agneau en tranches très fines (la laisser au congélateur durant 30 minutes avant de la couper, cela facilitera la tâche). Déposer les tranches bien à plat dans une assiette. Réserver au réfrigérateur. Mélanger tous les ingrédients de la vinaigrette et en badigeonner les tranches d'agneau. Laisser mariner pendant 15 minutes avant de servir.

7.

Thomas, regarde ce que maman t'a préparé de bon !

Couché sur le tapis du salon, Thomas, une main sous l'immense canapé de cuir, cherchait à tâtons. Plus loin, entre les tableaux de chasse à courre, Charles prenait grand soin de replacer bien droit les cadres le représentant, depuis sa naissance, avec sa maman. Sauf qu'il en manquait encore un.

— Je suis pourtant certain que j'en avais caché un là-dessous.

— Ça prendra le temps qu'il faudra, Thomas, mais tu vas me le retrouver!

— Si je ne le retrouve pas maintenant, je le retrouverai demain...

— Non, pas demain, maintenant! En bons colocs que nous sommes...

Thomas, toujours allongé, fit cependant l'effort de se redresser pour gratifier son ami d'un sourire reconnaissant.

— Merci d'avoir joué le jeu. Tu m'as sauvé la vie sur le coup. Je t'en dois une!

— Thomas, ce n'est pas à toi que j'ai voulu sauver la vie, mais à cette charmante jeune femme qui me semblait tout de même se demander ce qu'elle foutait là.

— Elle est belle, hein?

— Elle est magnifique! Tu comptes faire quoi avec elle?

En guise de réponse, Charles n'entendit que le grognement de Thomas qui tendait son bras plus loin sous le divan.

— Je l'ai!

Thomas se releva et, tout en marchant vers son ami, essuya la poussière qui s'était amassée sur sa manche, mais surtout sur la vitre du cadre. Avant de le rendre à Charles, il le scruta avec attention.

— Tu avais quel âge, là?

— Douze ans.

— On se connaissait déjà?

— Non, on s'est retrouvés dans la même classe l'année suivante.

— C'est le bel âge!

— Oui, si on n'y reste pas bloqué pendant les vingt-cinq années qui suivent...

— Je sauve de l'oubli à tout jamais ta photo et c'est tout ce que tu as à me dire de gentil?

Charles ne répondit pas, préférant raccrocher avec soin le cadre qui le représentait enfant, collé à sa maman, puis resta un instant à le contempler, visiblement ému, jusqu'à donner à croire qu'il priait. Thomas en profita pour filer dans la cuisine afin de reprendre possession de son chantier. Alors qu'il entreprenait de poncer à la main le mur qu'il devait repeindre, il pensa à son enfance et à cette belle amitié.

Charles avait raison, c'est bien à treize ans qu'ils s'étaient rencontrés dans une école privée réputée pour accueillir la progéniture des meilleures familles de la ville. Même s'ils portaient le même uniforme scolaire, tout différenciait les deux enfants. Charles était introverti, sous le joug de sa mère, dont il appliquait en toutes circonstances les moindres recommandations vestimentaires, quitte à subir les railleries de ses camarades de classe.

— Charles, t'as vu l'air con que ça te donne, de porter un bonnet avec un short ?

Les mères poules n'ont pas de saisons, ou n'en ont qu'une, parce que, pour elles, c'est toujours l'hiver. Thomas était le parfait contraire de Charles. Extraverti, il n'en faisait qu'à sa tête, au grand dam de ses parents et des professeurs qui ne parvenaient jamais à le contrôler. Si aucune des matières ne semblait retenir son attention, il excellait en français. Même s'il fallait toujours qu'il y aille de sa touche personnelle.

— Thomas, votre description de la bataille des plaines d'Abraham n'est pas en soi mauvaise, même si elle ne fait qu'une demi-page. Mais consacrer les quatre autres feuilles de votre devoir à la difficile condition des chevaux, alors que la Nouvelle-France se mourait, est... comment dire ?... hors sujet ! Et dénote une propension chez vous à faire des fixations sur des détails de l'Histoire qui n'intéressent personne pour la simple raison qu'ils ne sont d'aucun intérêt.

Thomas avait sans surprise été renvoyé du collège. Non pas pour cette rédaction, énième bifurcation à l'ordre établi, mais parce que, le lendemain, il était venu à l'école à cheval, monture qu'il avait dérobée au club hippique dont Charles était membre, pour faire témoigner un soi-disant descendant de l'étalon que montait, d'après lui, Montcalm, le jour même où il était tombé face aux Anglais, provoquant ainsi le début de la fin de la Nouvelle-France. Le jeune homme avait ensuite fréquenté quelques écoles publiques, sans grande assiduité. Au fil de ses différents renvois, il avait fini par abandonner les études pour s'adonner à l'écriture, décision qui lui avait valu de se fâcher définitivement avec sa famille.

C'était il y a vingt ans et, depuis, aucun livre n'avait paru parce qu'aucun livre n'avait jamais été écrit. La vie est ainsi, elle se rêve plus facilement qu'elle ne se vit. Plus le temps passe, et plus le réel prend le dessus sur l'irréel, jusqu'à effacer les plus beaux souvenirs de l'enfance, quand tout était si beau, quand tout nous était pardonné.

— Thomas, regarde ce que maman t'a préparé de bon!

Sucettes de brie
aux pistaches et miel

PRÉPARATION : 10 minutes CUISSON : 6 minutes PORTIONS : 4 personnes

- 450 g (1 lb) de brie ferme
- 15 ml (1 c. à soupe) de miel liquide
- Sel et poivre
- 30 ml (2 c. à soupe) de farine
- 2 blancs d'œufs, légèrement battus
- 125 ml (1/2 tasse) de pistaches, concassées

À l'aide d'un emporte-pièce de 1,75 cm (¾ po), tailler des cercles de brie bien froid. Badigeonner les disques de brie de miel et les assaisonner. Les rouler dans la farine, puis dans les blancs d'œufs. Les enrober de pistaches en pressant légèrement afin que celles-ci soient bien fixées. Préchauffer le four à 200 °C (400 °F), déposer les disques sur une plaque allant au four, insérer un petit bâton dans chacun d'eux et faire cuire pendant 3 minutes de chaque côté. Retirer du four et servir tiède.

8.

Il y a quelque chose de bizarre chez vous...

Tandis que du bout des doigts il vérifiait si le ponçage avait rendu le mur suffisamment lisse pour être peint, sans qu'aucun défaut ne paraisse, les derniers mots de Marie-Ève, alors qu'elle quittait l'appartement, lui revinrent soudain : « Vous êtes charmant, Thomas, vraiment. Mais il y a quelque chose... comment dire ?... Il y a quelque chose de bizarre chez vous. » Son doigt cessa de caresser le mur et ses yeux se perdirent dans le blanc du plâtre poncé qui ne laissait plus apparaître qu'une surface aussi lisse que vide.

— Ah, ben, je vois que ça travaille fort !

Thomas sursauta et fit mine de vérifier si le plâtre avait été suffisamment bien travaillé en faisant de nouveau glisser son doigt sur la surface blanche. Reprenant contenance, il se tourna avec son plus beau sourire vers Charles.

— Rien à dire, c'est du travail d'artiste !

— Tu pensais à elle, hein ?

— Pas du tout, je réfléchissais.

— Tu réfléchissais ?! Il faut fêter ça. Champagne !

Thomas ne put s'empêcher de rire. Charles, lui, n'avait pas ri. Il s'approcha de la table sur laquelle avaient été déposés les restes du repas du midi.

— Très belle idée, les spatules en guise d'assiettes à gâteau. Bravo... Mais, dis-moi, étais-tu vraiment obligé d'arracher la porte de l'un des placards ?

— Je ne trouvais plus les plats, fallait bien que je fasse quelque chose !

— Les plats, qui, je te le rappelle, sont pour la plupart en porcelaine, donc très précieux, je les ai rangés dans ma chambre, sous mon lit, en souvenir de la fois où tu as rénové mon salon en brisant au passage quatre vases venant de la mère de ma mère. Et je ne sais si tu t'en souviens, je n'ai jamais pu me les faire rembourser par l'assurance, parce que, bien entendu, tu n'es pas assuré, puisque tu ne souhaites pas être déclaré.

— Je t'ai mille fois expliqué...

— Ah oui, je me souviens ! Tu ne voulais pas avoir l'impression que la rénovation était ton métier pour ainsi pouvoir t'adonner à l'écriture... Au fait, il en est où, ton roman ?

Thomas se tourna pour ne plus fixer son ami. Il entreprit de ranger ses outils, mais ne put se retenir de lui renvoyer la balle, encore plus fort, dans la face.

— Et toi, pourquoi es-tu toujours vieux garçon ?

— Je le suis parce que je cherche une femme pour la vie, alors que toi, tu passes ta vie à chercher des femmes.

Charles avait parfaitement raison. Thomas ne s'était jamais fixé sur une quelconque conquête parce que la vérité finissait toujours par le rattraper et qu'il ne souhaitait jamais l'affronter.

Regrettant déjà ce qu'il avait dit à son meilleur ami, son seul ami en fait, il se résolut à tout faire pour ne surtout pas le fâcher encore plus. Alors, comme toujours, il s'esquiva pour mettre un terme à la conversation et ouvrit le réfrigérateur pour chercher victuailles à cuisiner, avec soin et originalité.

— Qu'est-ce que je peux te préparer de bon qui te ferait plaisir ?

Mais, dans sa tête, il ne put s'empêcher d'entendre encore l'au revoir de Marie-Ève : « Vous êtes charmant, Thomas, vraiment. Mais il y a quelque chose... comment dire ?... Il y a quelque chose de bizarre chez vous. »

**Nous les hommes,
si on n'ajoute pas
un peu de crème
autour, on n'est rien
de plus qu'un vulgaire
morceau de viande !**

Ciabatta aux olives

purée de figues, prosciutto et mozzarella di buffala, roquette et balsamique

PRÉPARATION : 10 minutes CUISSON : 10 minutes PORTIONS : 1 personne

- 1 pain ciabatta aux olives
- Huile d'olive
- 2 tranches de prosciutto
- 3 tranches de mozzarella di buffala
- Feuilles de roquette
- Vinaigre balsamique
- Sel et poivre

La purée de figues

- 80 ml (1/3 tasse) de figues sèches
- 500 ml (2 tasses) d'eau
- 60 ml (1/4 tasse) de vinaigre balsamique

Placer tous les ingrédients de la purée de figues dans une casserole et cuire à feu moyen en remuant de temps en temps jusqu'à évaporation des liquides. Placer la préparation de figues dans un mixeur et pulser jusqu'à obtention d'une purée homogène. Laisser refroidir avant de servir.

Montage du sandwich : badigeonner l'intérieur du pain ciabatta d'huile d'olive, tartiner de purée de figues, surmonter de 2 tranches de prosciutto et de 3 tranches de mozzarella di buffala. Garnir généreusement de feuilles de roquette et arroser de vinaigre balsamique, de sel et de poivre.

Gravlax de saumon à la japonaise

PRÉPARATION : 15 minutes PORTIONS : 1 personne

- 115 g (1/4 lb) de saumon bien frais
- 225 g (1/2 lb) de gros sel
- 30 ml (2 c. à soupe) de sucre
- 125 ml (1/2 tasse) de vinaigre de riz

Mettre le saumon recouvert de gros sel dans un plat, puis placer un poids de 1 kg (2,2 lb) dessus. Réfrigérer pendant 4 heures. Enlever le sel et rincer le saumon à l'eau froide. Mélanger le sucre et le vinaigre de riz, puis laisser le saumon mariner pendant 30 minutes dans cette préparation, le retirer et le laisser sécher à l'air libre durant 30 minutes avant de le couper en fines tranches. Servir accompagné de sauce soya et de wasabi.

9.

C'est que demain, moi, j'ai du boulot !

Thomas était seul dans son appartement : un demi-sous-sol d'une pièce avec cuisine intégrée, un chef-d'œuvre d'imagination architecturale et d'ingéniosité, comme l'avait souligné le propriétaire à la signature du bail.

— Un loft de même pour trois cents dollars, t'es pas près d'en trouver ailleurs !

La salle de bains donnait sur le poêle de la cuisine, la fenêtre de la seule pièce, sur le stationnement, et l'appartement voisin était occupé par douze Asiatiques qui faisaient les trois-huit sur quatre machines à coudre. Thomas s'était, bien entendu, plaint au propriétaire du bruit incessant.

— Ça fait deux mois que t'es là, pis t'as déjà un mois de loyer de retard, alors que les Chinois d'à côté, ils font peut-être du bruit, mais ils payent trois mois à l'avance. Je t'aime bien, l'écrivain. Alors, si tu veux que je déchire ton bail et que je te laisse aller, libre comme l'air, t'as qu'à le dire...

Thomas avait bien entendu refusé, mais, pour compenser son arriéré de paiement, il avait dû accepter de s'occuper des poubelles de l'immeuble le mardi et le vendredi, de remplacer les ampoules dans l'escalier si jamais elles grillaient, à toute heure, et de s'assurer, le lundi et le jeudi, que le bac de recyclage ne débordait pas. Il s'était également engagé, si jamais la Régie du logement venait à vérifier son bail, à ne point le montrer et à prétendre qu'il était le neveu du propriétaire, logé gracieusement. De plus, moyennant une réduction mensuelle de cinquante dollars, il avait accepté de donner quatre cours de français par mois à l'enfant du maître des lieux, qui entreprenait un doctorat d'adolescence avec de stupéfiantes prédispositions.

— *Yo*, m'sieur le prof de français ! Lafontaine, son prénom c'est pas Louis-Hippolyte, mais Parc, *yo* !

Assis sur le lit à baldaquin Louis XVI, un prêt de Charles, qui détonnait dans ce demi-sous-sol, tout en occupant le tiers de l'espace, Thomas repensa à la discussion qu'il avait eue au dessert avec son ami.

— Pourquoi es-tu obligé de mentir à cette femme ?

— Ce n'est pas du mensonge, c'est de la décoration ! Regarde ce qu'il y a dans ton assiette. Tu vois, tout seul, ça n'aurait été qu'une pauvre bavette, issue d'un bœuf peut-être très con et pas forcément beau, ni gentil. Peut-être même la honte du troupeau. Mais si tu la sales et la poivres, puis que tu y ajoutes des girolles, du vin rouge, des cœurs d'artichauts, de l'échalote et du thym, sans oublier le fond de veau, ça devient un mets extraordinaire. Ben, nous les hommes, c'est pareil. Si on n'ajoute pas un peu de crème autour, on n'est rien de plus qu'un vulgaire morceau de viande !

— Thomas, c'est la viande qui te nourrit, pas la crème autour...

— Oui, mais c'est la saveur de la crème qui t'offre le plaisir des papilles !

— Cette Marie-Ève qui te croit milliardaire, tu vas faire comment pour lui expliquer que tu n'es qu'un écrivain... ra... euh... disons... pas encore réussi ?

— Tu voulais dire « écrivain raté », hein ?

— Sans vouloir te blesser, je crois que oui.

Cela avait été le mot de trop. Thomas s'était tout de suite levé et les excuses de Charles n'avaient été d'aucune utilité pour le retenir. Il avait quitté l'appartement en s'assurant de faire claquer la porte aussi fort qu'il le pouvait. Le mur avait vibré et Thomas avait jubilé, sur le moment, en entendant du verre se briser, puis son ami hurler :

— Oh non ! Pas mon cadre préféré avec maman !

Assis sur son lit, Thomas regrettait maintenant la peine faite à son meilleur ami. Demain, il lui proposerait de remettre le cadre à neuf. Il ne doutait pas que Charles ne lui en voudrait pas. La vie est parfois facile. Ce que l'on abîme peut se réparer, presque sans effort, si l'amitié est solide et le sentiment, profond. Mais quand le mensonge est le pilier de la relation, il scelle les êtres dans l'abstrait, et il est impossible de les réconcilier, puisque, l'abstrait, ça ne ressemble à rien. À cette pensée, Thomas se demanda si le moment n'était pas venu de se dévoiler tel qu'il était vraiment. Il savait cuisiner, rénover des appartements et magnifier la vie. C'était déjà pas mal, non ? À cet instant, son cellulaire sonna, enfin l'un des cellulaires de Charles.

— Allô! Quel plaisir de vous entendre, Marie-Ève. Justement, je pensais à vous à l'instant... Moi aussi, j'aimerais vous revoir... Je voulais vous parler...

Thomas examina son appartement, vit l'ordinateur recouvert de poussière qui contenait le manuscrit inachevé dont il ne se souvenait même plus du titre. Il s'approcha de la petite lucarne qui donnait sur le stationnement, puis revint se fixer dans le miroir pour se dévisager, en toute vérité. Il hésita quelques instants et se détourna pour ne plus se voir.

— Écoutez, Marie-Ève, vous tombez bien, je dois me rendre dans une de mes propriétés à la campagne et je me demandais si vous accepteriez de m'accompagner, histoire d'y passer la journée? En passant, avez-vous une voiture? La mienne est chez le garagiste depuis deux semaines. Si vous saviez comme c'est difficile de faire réparer une anglaise au Québec!... Alors, voilà... retrouvons-nous chez moi. Enfin, non, pas chez moi. Venez me prendre à la sortie du métro Berri-UQAM... Oui, j'adore prendre le métro, c'est tellement exotique...

La résolution, tant qu'on ne l'a avouée à personne, n'est qu'une promesse sans conséquence à l'être à qui l'on peut faire le moins confiance pour nous aider à la mener à terme, car, malheureusement, il nous pardonnera toujours.

Thomas se leva et se frotta les mains.

— C'est que demain, moi, j'ai du boulot!

Pièce d'Angus juste saisie

fricassée de petites girolles aux arômes d'artichaut

PRÉPARATION : 10 minutes CUISSON : 20 minutes PORTIONS : 2 personnes

- 30 ml (2 c. à soupe) d'huile d'olive
- 15 ml (1 c. à soupe) de beurre
- Sel et poivre
- 2 bavettes de bœuf d'environ 225 g (1/2 lb) chacune

La sauce

- 1 échalote sèche, hachée
- 2 cœurs d'artichauts, en petits cubes
- 125 ml (1/2 tasse) de girolles
- 125 ml (1/2 tasse) de vin rouge
- 2,5 ml (1/2 c. à thé) de thym, haché finement
- 250 ml (1 tasse) de fond de veau
- Sel et poivre

Faire chauffer l'huile et le beurre dans une poêle à feu vif, poêler les bavettes préalablement salées et poivrées durant 2 minutes de chaque côté, les retirer. Réserver sur une assiette à la température ambiante. Retirer le gras de la poêle, mettre l'échalote, les cœurs d'artichauts et les girolles à feu moyen pendant 2 minutes, puis les mettre de côté dans un bol. Déglacer la poêle avec le vin rouge, ajouter le thym et le fond de veau, et réduire de moitié. Remettre la garniture d'artichauts et de girolles, cuire pendant 5 minutes à feu doux et plonger les bavettes dans la sauce. Rectifier l'assaisonnement et cuire de nouveau pendant 3 minutes à feu moyen en retournant la viande de temps en temps. Servir bien chaud.

10.

Aimez-vous les surprises, Marie-Ève ?

Marie-Ève, au volant, fixait la route qui s'ouvrait devant elle. Depuis une quinzaine de minutes, Thomas ne parlait plus. Il avait inséré dans le lecteur un CD d'Alain Lefèvre jouant du André Mathieu.

— Vous savez, nous, les Québécois, avons cette propension à magnifier notre histoire et nos grands hommes. Certainement notre réponse à l'isolement dans ce grand continent qui parfois nous est si hostile. Ainsi, ce pauvre André Mathieu, que l'on décrit aujourd'hui comme l'un des plus grands génies de la musique québécoise, n'était au fond qu'un jeune surdoué que l'on a exploité jusqu'à la corde, comme un singe savant, une bête de cirque. Cependant, ce que j'aime de sa musique, qui, de vous à moi, n'a d'extraordinaire que le fait d'avoir été composée par un enfant, mais qui, en valeur absolue, n'est que brindille dans le grand champ de la culture musicale, c'est qu'elle a une âme incroyable. Elle est fraîche, innocente et spontanée. Une œuvre pure qui ne s'apprécie que si l'on considère qu'André Mathieu est toujours resté un enfant. Un enfant qui n'aura simplement jamais grandi...

Marie-Ève était restée un moment perplexe, sans pouvoir retenir un petit rictus. Thomas s'en était même inquiété :

— Pourquoi me regardez-vous ainsi ?

— Pour rien, Thomas... Je vous regardais comme ça... Juste comme ça... C'est très intéressant, ce que vous dites...

Quand elle était arrivée, dix minutes avant l'heure du rendez-vous à la station de métro Berri-UQAM, Thomas était déjà là. De loin, elle avait cru qu'il portait une valise dans chaque main. Mais, en s'approchant, elle avait constaté qu'il s'agissait de deux caisses à outils, à l'évidence très lourdes.

— Je maudis mon garagiste et ses descendants jusqu'à la septième génération !

Bien entendu, vu l'ampleur de ses biens immobiliers, elle s'était étonnée qu'il ait, lui-même, à prendre en charge leur entretien.

— Les vieilles demeures se meurent si l'on n'en prend pas soin. Et comme de nos jours le savoir-faire se perd, à qui faire confiance si ce n'est à soi-même ?

Le cliquetis des boîtes à outils de Thomas sur la banquette arrière avait fini par prendre le rythme de la musique d'André Mathieu, jusqu'à la remplacer lorsque le CD avait joué sa dernière piste. La symphonie des tournevis avait alors duré un temps. Mais la monotonie de l'œuvre avait fini par avoir raison des oreilles de Thomas qui, excédé par le couinement, avait détaché sa ceinture pour déplacer une des caisses, avant de prendre l'autre sur ses genoux. Puis, tout en tapotant, de ses doigts, le couvercle, il avait lâché comme ça :

— Aimez-vous les surprises, Marie-Ève ?

Salades de jeunes laitues

mûres et cheddar, vinaigrette à l'érable

PRÉPARATION : 10 minutes   PORTIONS : 4 personnes

- Jeunes laitues
- Mûres bien fermes
- Cubes de cheddar

La vinaigrette à l'érable

- 250 ml (1 tasse) d'huile d'olive
- 125 ml (1/2 tasse) de vinaigre de vin rouge ou blanc
- 125 ml (1/2 tasse) de sirop d'érable
- 1 gousse d'ail, hachée finement
- 5 ml (1 c. à thé) de moutarde
- 15 ml (1 c. à soupe) d'estragon, haché

Mélanger tous les ingrédients de la vinaigrette et réfrigérer pendant 30 minutes avant de servir.

Dans un bol, mettre les jeunes laitues, parsemer de mûres et de cubes de cheddar. Ajouter de la vinaigrette au goût, mélanger délicatement et servir bien frais.

11.

Il faut faire travailler les femmes !

Marie-Ève était assise sur l'une des deux boîtes à outils, l'autre semblant avoir disparu. Depuis maintenant une heure, Thomas s'affairait au sommet d'une grande échelle à tenter de réparer la gouttière qui s'était décrochée du toit d'un grand chalet dominant un lac magnifique. Elle avait bien entendu proposé de l'aider, mais Thomas n'était pas de ce genre-là.

— Marie-Ève, je vous remercie de votre offre, mais voyez-vous, cette échelle a été fabriquée avec les chutes de bois des murs de la bâtisse et, considérant qu'elle date de 1929, je ne veux vous faire courir aucun risque. Et, vous savez, même si cela ne se dit plus dans le Québec d'aujourd'hui, la rénovation, c'est une affaire d'homme et la galanterie, de plus, exige de ne point y déroger.

Marie-Ève, cette fois, n'avait pu s'empêcher d'éclater de rire. Pourtant, elle aurait dû se fâcher, elle qui était l'une des plus virulentes lorsqu'il s'agissait de débattre au comité de l'équité salariale d'Air Canada. Mais, dans la vie, ce n'est pas toujours ce qui est dit qui compte, mais la façon dont on le dit et, surtout, la personne qui le dit. Ce qui peut être cruel à entendre dans certains cas peut devenir absurde et très drôle dans d'autres circonstances. Alors, Marie-Ève avait ri encore. Thomas, du haut de l'échelle, avait fini par s'en agacer, ce qui avait eu pour effet d'aggraver le fou rire de Marie-Ève.

— Excusez-moi, Thomas, c'est nerveux. Je ne sais même pas pourquoi je ris.

Il lui avait fallu dix bonnes minutes pour retrouver son calme, même si, de temps à autre, son fou rire reprenait.

— Je ne sais vraiment pas ce que j'ai dit de drôle, Marie-Ève. Oui, le temps passe et les sociétés évoluent, je n'ai rien contre. Mais il ne faut pas tout enterrer, et surtout pas les bonnes manières, qui avaient tout de même du bon.

En se pinçant le nez et en serrant ses lèvres pour ne plus respirer, puis en pensant très fort à la mort de son vieux chien alors qu'elle avait huit ans, Marie-Ève parvint à éviter un nouveau fou rire.

Lorsqu'elle retrouva son sérieux, elle convint que de se prendre à longueur de journée des portes dans la figure, parce que certains hommes ne prenaient plus la peine de les retenir, était devenu un solide irritant envers le genre masculin.

Elle fixa alors longuement le lac. L'eau était d'un calme absolu, un véritable miroir, un appel à l'apaisement intérieur, un hymne au bien-être. Marie-Ève resta un long moment à admirer l'immobilité de la surface et finit par oublier le temps, tellement cette inertie l'apaisait. Faire le vide permet de se remplir du meilleur en le laissant venir sans trop y penser. Elle ressentit alors quelque chose de très simple, une sorte d'évidence. En compagnie de cet homme, elle était tout simplement bien. Il conjuguait le présent à merveille et magnifiait le passé comme personne. Mais il restait très inquiétant pour l'avenir, elle ne pouvait le nier.

Elle sortit soudain de sa méditation impromptue en sentant le regard de Thomas sur elle. Étrangement calme et sereine, elle lui fit un signe de la main. Il sourit en lui rendant le salut, tournevis en main.

— Laissez-moi finir ça et vous allez vous régaler.

Dix minutes plus tard, après être descendu de son échelle, Thomas disparut un instant derrière le chalet pour revenir avec deux cannes à pêche, une hache et l'autre boîte à outils, et Marie-Ève se dit que tout était normal. Quand il l'invita à le suivre en direction du lac, elle obtempéra. Tout en marchant, il lui tendit l'une des deux cannes à pêche.

— Vous m'avez convaincu. Il faut faire travailler les femmes !

Truite farcie de jeunes épinards
et pain persillade aux amandes

PRÉPARATION : 15 minutes   CUISSON : 30 minutes   PORTIONS : 2 personnes

- 1 truite entière désarêtée par le dos (demander au poissonnier) ou 2 filets de truite

La farce

- 30 ml (2 c. à soupe) de beurre
- 1 oignon, haché finement
- 2 gousses d'ail, hachées
- 500 ml (2 tasses) d'épinards
- 250 ml (1 tasse) de mie de pain
- 30 ml (2 c. à soupe) de persil, haché
- 2 œufs
- 125 ml (1/2 tasse) de poudre d'amande
- Sel et poivre

Dans une poêle, faire fondre le beurre à feu moyen. Ajouter les oignons et l'ail et faire revenir sans coloration, puis mettre les épinards et les faire sauter pendant 2 minutes. Retirer du feu et verser la préparation dans un bol. Laisser refroidir, ajouter les autres ingrédients de la farce. Malaxer à la main jusqu'à obtention d'un mélange homogène. Saler et poivrer la truite, farcir généreusement et cuire durant 20 minutes au four préchauffé à 150 °C (300 °F), puis durant 5 minutes à 260 °C (500 °F) sous le gril. Servir immédiatement.

Tajine de légumes au cumin

aux arômes de gelée de sapin

PRÉPARATION : 15 minutes   CUISSON : 30 minutes   PORTIONS : 2 personnes

- 45 ml (3 c. à soupe) d'huile d'olive
- 3 oignons, en cubes
- 250 ml (1 tasse) de fenouil, en cubes
- 250 ml (1 tasse) de poivrons rouges, en cubes
- 250 ml (1 tasse) de patates douces, en cubes
- 250 ml (1 tasse) de courgettes, en cubes
- 1 tomate, en cubes
- 15 ml (1 c. à soupe) de miel
- 45 ml (3 c. à soupe) de raisins secs
- Cannelle, coriandre en poudre, gingembre en poudre, sel et poivre

Chauffer l'huile d'olive dans une poêle. Y ajouter les oignons et les cuire à feu doux pendant 10 minutes. Ajouter tous les autres ingrédients et cuire dans le tajine entre 1 heure et 1 heure 30, selon la grosseur des légumes. Vérifier la cuisson et rectifier l'assaisonnement.

Framboises comme un mojito

PRÉPARATION : 10 minutes PORTIONS : 4 personnes

- 125 ml (1/2 tasse) de yogourt nature
- 30 ml (2 c. à soupe) de sucre
- 6 feuilles de menthe, hachées
- 500 ml (2 tasses) de framboises
- 60 ml (1/4 tasse) de rhum blanc
- 500 ml (2 tasses) de soda tonique

Dans un bol, mélanger le yogourt, le sucre et trois feuilles de menthe, puis verser cette préparation au fond des verres de service. Dans un autre bol, mettre les framboises, le rhum et les trois autres feuilles de menthe. Mélanger délicatement et remplir chaque verre de yogourt. Couvrir de soda tonique bien froid et servir.

12.

Ma boîte à chaussures ?

Après avoir tenu à Marie-Ève un long discours sur les mille manières d'attraper les poissons dans le monde, suivi d'une digression sur la technique infaillible pour repérer le meilleur coin de pêche sur un lac, sans vent, en plus d'expliquer le maniement de la canne, « une sorte de prolongement naturel de votre bras », Thomas avait eu la délicate attention de placer lui-même le ver de terre sur l'hameçon de Marie-Ève, franchement dégoûtée.

— Pauvre petite bête, elle doit tellement souffrir !

Malgré les consignes de silence qu'il avait imposées, une fois installés chacun sur une caisse à outils au bord de l'eau, Thomas ne put s'empêcher de raconter dans le menu détail ses longues journées dans la nuit polaire à sortir l'orphie des fjords norvégiens en compagnie de Raoul, son majordome, une sorte de second père, qui lui avait dévoilé tous les secrets d'une pêche miraculeuse. Dix minutes plus tard, ce n'est cependant que du bout des lèvres que Thomas concéda la victoire à Marie-Ève, qui avait pu accrocher au bout de sa ligne deux magnifiques truites, alors que lui n'en avait sorti aucune.

— Thomas, ne soyez pas mauvais joueur, c'est le hasard... La chance de la débutante !

Sans rancune, mais cette fois dans le silence le plus absolu, Thomas alla ramasser du bois qu'il plaça en tas, puis gratta une allumette sous les yeux de Marie-Ève qui n'osait plus rien dire. Après s'être assuré que le feu avait bien pris, il revint vers elle et lui fit signe, tout en bougonnant, de se lever de la boîte à outils. Docile, elle obtempéra sans pouvoir s'empêcher d'avoir un regard attendri en l'entendant râler alors qu'il portait la lourde boîte sur le ponton, au bord de l'eau. Les hommes charment dans la joie, mais touchent le cœur des femmes dans la détresse, si infime et ridicule soit-elle.

La seconde caisse révéla alors son contenu. Thomas en sortit tout d'abord du sel, du poivre, du beurre, des épices, des légumes, des amandes, deux petits pots de fleurs, du papier d'aluminium, deux serviettes dans un rond de bois, deux verres à pied, deux paires de couverts en inox, un torchon et un grand couteau. Mais au juron murmuré à la vue du grand contenant, désormais vide, il manquait, à l'évidence, une chose fondamentale.

— Marie-Ève, je sais que cette requête va vous paraître un brin surprenante, mais il m'a semblé apercevoir par la vitre une boîte à chaussures vide dans le coffre de votre auto, pensez-vous que vous pourriez me la prêter ?

— Ma boîte à chaussures ?

Gâteau d'anniversaire
aux saveurs exotiques

PRÉPARATION : 25 minutes CUISSON : 35 minutes PORTIONS : 6 personnes

Génoise

- 6 jaunes d'œufs
- 160 ml (2/3 tasse) de sucre en poudre
- 125 ml (1/2 tasse) de liqueur de litchi (soho)
- 125 ml (1/2 tasse) de farine
- 15 ml (1 c. à soupe) de levure chimique (poudre à pâte)
- 6 blancs d'œufs, montés en neige très ferme

Crème pâtissière

- 500 ml (2 tasses) de lait
- 45 ml (3 c. à soupe) de rhum blanc
- 80 ml (1/3 tasse) de sucre
- 3 œufs
- 15 ml (1 c. à soupe) de farine
- 125 ml (1/2 tasse) d'amandes effilées et grillées
- 1 l (4 tasses) de fruits frais, lavés et joliment coupés (fraises, mangues, caramboles, ananas, litchis, etc.)

Dans un bol, fouetter énergiquement les jaunes d'œufs avec le sucre et la moitié de la liqueur de litchi. Ajouter la farine et la levure chimique en remuant jusqu'à homogénéité. Ajouter les blancs en neige dans la préparation en pliant le mélange délicatement, mettre le tout dans un moule au four à 175 °C (350 °F) pendant 20 minutes.

Dans une casserole, chauffer à feu moyen le lait et le rhum jusqu'à ébullition. Pendant ce temps, dans un bol, mélanger énergiquement le sucre, les œufs et la farine jusqu'à ce que la préparation blanchisse. Verser le lait chaud petit à petit sur ce mélange tout en fouettant. Remettre à cuire à feu moyen pendant 10 minutes, puis réserver au frais.

Couper votre génoise en deux dans le sens de la largeur, arroser avec le reste de la liqueur de litchi, mettre la moitié de la crème pâtissière sur une partie de la génoise et recouvrir de l'autre demi-génoise. Mettre le reste de la crème pâtissière sur les côtés et sur le dessus, puis disposer joliment les fruits sur le dessus du gâteau. Décorer d'amandes le pourtour du gâteau et servir bien frais.

13.

Je vais vous expliquer, Thomas...

Les cendres de la boîte à chaussures se mêlaient maintenant aux braises qui ne rougissaient plus. Les deux caisses à outils attendaient sagement près de l'auto. Sur l'une d'elles, Marie-Ève était assise et regardait Thomas qui, pour la troisième fois, venait de faire le tour du chalet en soulevant chaque pot de terre, chaque pierre, tout en glissant sa main dans le moindre recoin. Tout chez cet homme aurait dû la faire fuir. Rien n'était rassurant chez lui, mais tout l'attirait. Rien n'était prévisible, tout n'était qu'inattendu. Il n'était qu'une éternelle page blanche n'attendant que son texte.

— Thomas, ce n'est pas grave. Je devrais être capable de tenir jusqu'à Montréal, mais il ne faudrait plus trop tarder avant de partir.

— Pas question, Marie-Ève, j'en fais une affaire de principe! Et je vous assure que la femme de ménage aura intérêt à me fournir des explications convaincantes... Sinon, la porte!

— Thomas, ne soyez pas cruel. Elle l'a peut-être juste oubliée dans l'urgence! On ne fait pas perdre son emploi à quelqu'un pour si peu!

— Marie-Ève, je vous en prie, laissez-moi gérer mes problèmes de personnel. Cependant, avant de décider du sort de cette brave femme, qui, je dois le dire à sa décharge, est bien brave, je considérerai vos arguments... Je vous le promets ! Mais avant cela, dites-moi, vous, avec votre logique féminine, si vous aviez une clef à cacher, quel endroit choisiriez-vous ?

— Laissez-moi réfléchir...

Dix minutes plus tard, en sortant des toilettes du chalet, Marie-Ève s'arrêta dans le couloir pour contempler les photos accrochées au mur. Sur l'une d'elles, elle reconnut Thomas, dans la quinzaine, posant avec un magnifique sourire devant un gâteau d'anniversaire, dont Charles soufflait les bougies. Son regard passa à un autre cadre, puis à un autre, et encore à un autre. Thomas n'apparaissait plus. Il n'y avait que Charles avec une femme plus âgée.

— Laissez-moi deviner ? Vous êtes en train de vous dire : « Mais comment se fait-il qu'il n'y ait que des photos de Charles et de sa mère ? »

— Pas du tout...

— Je vais vous expliquer. Ce chalet, je me contente d'en assumer les coûts et l'entretien en tentant de me faire le plus discret possible pour qu'ils aient l'impression d'être chez eux... Les gens qui n'ont rien s'attachent souvent à... trois fois rien !

— Votre grand cœur vous perdra, Thomas...

Thomas ne répondit pas et sortit du chalet en invitant Marie-Ève à le suivre. Il veilla à parfaitement replacer le tapis de l'entrée et fit disparaître les quelques grains de terre que les chaussures de Marie-Ève avaient laissés sur le plancher de bois franc immaculé. Après avoir soigneusement verrouillé la porte d'entrée, il fila replacer la clef, au milieu des pinces à linge, dans un petit seau qui pendait à la plus basse branche de l'arbre, près de l'entrée.

— Mais pourquoi n'y avais-je pas pensé ?

En prenant soin de les caler sur une couverture dans le coffre, afin qu'elles ne fassent aucun bruit quand la voiture roulerait, Thomas referma la porte arrière sur les deux boîtes à outils. Il regarda une dernière fois le chalet pour s'assurer que tout était en ordre et s'installa dans la voiture. Au volant, Marie-Ève l'attendait. Elle fit tourner le moteur d'un coup de clef, enclencha la première vitesse et lentement se faufila sur le chemin de terre qui menait à la route.

— Dites-moi, Thomas, est-ce que Charles est marié ?

— Pourquoi me demandez-vous cela ?

Pour la première fois, Marie-Ève remarqua une faille chez Thomas. En un instant, il parut perdre toute son assurance, comme si cette question l'avait totalement déstabilisé.

— Je vais vous expliquer, Thomas…

Dites-moi, vous, avec votre logique féminine, si vous aviez une clef à cacher, quel endroit choisiriez-vous ?

Tartare de pétoncles
au gingembre

PRÉPARATION : 10 minutes PORTIONS : 2 à 4 personnes

- 250 ml (1 tasse) de pétoncles frais, parés
- 45 ml (3 c. à soupe) d'huile d'olive
- 1 échalote (oignon vert), émincée finement
- 30 ml (2 c. à soupe) de gingembre frais, haché
- 5 ml (1 c. à thé) de zeste de citron, haché
- Le jus de 1 citron
- Fleur de sel et poivre

Couper en fine brunoise les pétoncles en prenant bien soin d'enlever le muscle sur le côté. Réserver.

Faire une vinaigrette avec l'huile d'olive, l'oignon vert, le gingembre, le zeste et le jus de citron. Mettre les dés de pétoncles dans un bol, ajouter la vinaigrette, assaisonner et remuer délicatement. Laisser au réfrigérateur pendant 10 minutes. Servir très frais.

Tartare de saumon
aux fines herbes

PRÉPARATION : 10 minutes PORTIONS : 2 à 4 personnes

- 250 ml (1 tasse) de saumon frais, en petits cubes
- 30 ml (2 c. à soupe) de fines herbes (cerfeuil, persil, ciboulette), hachées
- 5 ml (1 c. à thé) d'échalote sèche, hachée finement
- Huile d'olive extra-vierge, au goût
- Sel et poivre
- Le jus de 1 lime

Dans un bol, bien mélanger tous les ingrédients en prenant soin d'ajouter le jus de lime au dernier instant seulement, de façon à éviter toute cuisson du saumon. Servir aussitôt.

Tartares d'asperges à la muscade

PRÉPARATION : 10 minutes PORTIONS : 2 à 4 personnes

- 250 ml (1 tasse) d'asperges vertes, en petits cubes
- 5 ml (1 c. à thé) d'échalote sèche, hachée finement
- 5 ml (1 c. à thé) de muscade moulue
- Huile d'olive extra-vierge, au goût
- Le jus de 1 lime
- Sel et poivre

Dans un bol, mélanger tous les ingrédients. Réfrigérer pendant 20 minutes. Bien mélanger de nouveau et servir aussitôt.

Tartare de canard aux canneberges séchées

PRÉPARATION : 10 minutes PORTIONS : 2 à 4 personnes

- 250 ml (1 tasse) de magret de canard sans le gras, en petits cubes
- 125 ml (1/2 tasse) de canneberges séchées
- 15 ml (1 c. à soupe) de ciboulette, hachée
- 5 ml (1 c. à thé) d'échalote sèche, hachée finement
- Le jus de 1/2 citron
- Le jus de 1/2 orange
- Huile d'olive extra-vierge, au goût
- Sel et poivre

Dans un bol, mélanger tous les ingrédients. Réfrigérer pendant 20 minutes. Bien mélanger de nouveau et servir aussitôt.

14.

Des fois, l'amour naît de façon si bizarre !

Sur la minuscule table de cuisine, trois pochettes à hot dog et un cornet de frites vides traînaient. Thomas, assis sur le coin de son grand lit à baldaquin, finissait de lire la page manuscrite d'un cahier Canada. Il souffla de dépit et se leva.

— Mon bon Gérald, quand Paul Léautaud a dit : « La littérature n'a rien à voir avec la richesse du vocabulaire, sinon le plus grand chef-d'œuvre serait le dictionnaire », il ne voulait pas dire qu'il fallait employer cinq fois le même mot dans une phrase. Surtout si elle n'en contient que dix ! Alors, tu vas être gentil de commencer par enlever les « *yo* », qui à la longue desservent considérablement ton propos.

Gérald repoussa l'énorme frange qui recouvrait ses yeux et ratura lentement les « *yo* », offrant progressivement l'image d'une souffrance intérieure, comme si une partie de lui-même disparaissait.

— Mais là, *yo*, on dirait pus que c'est moi qui parle, *yo* !

— C'est parfaitement normal, Gérald, parce qu'en ce moment, tu ne parles pas, mais tu écris.

L'adolescent plongea dans une intense réflexion en fixant Thomas à travers sa frange qui lui était retombée sur les yeux. Puis, frappé par l'évidence du propos, il se mit à rayer les « *yo* » avec frénésie.

— *Yo*, Tom ! Je viens de la catcher, *yo* !

— Bravo, Gégé !

— Hey, *yo*, tu m'appelles pas Gégé ! Ça fait clown, genre.

— Alors, appelle-moi Thomas.

Même si c'est contraint et forcé qu'il avait dû accepter l'offre du propriétaire de donner des cours à son fils, moyennant une ristourne de cinquante dollars sur le loyer, et malgré une communication qui demandait de perpétuels ajustements, Thomas avait fini par apprécier ce qu'il qualifiait, aujourd'hui, de véritable mission. Cancre parfaitement assumé, Gérald avait développé une philosophie peu élaborée quant aux bienfaits de l'enseignement scolaire classique, lui qui prévoyait devenir charpentier-menuisier afin de s'occuper des immeubles de son père.

— Moi, ce qui compte, *yo*, c'est de savoir couper une planche, *yo*, pas de savoir l'écrire, *yo* !

Depuis que Thomas avait pris en main ses cours de français, Gérald avait fait des progrès significatifs, passant désormais la barre des soixante pour cent lors de la plupart des examens.

— Ça se trouve, *yo*, je vas devenir écrivain, comme toi, *yo* !

— Je ne te le conseille pas. Un arbre fera toujours une planche dont tu feras un jour une maison, mais celui qui écrit ne fera pas toujours un livre.

Peut-être parce qu'il ne le jugeait pas, mais peut-être aussi parce qu'il ne comprenait pas tout, Gérald était devenu, sans le savoir, le seul confident de la piteuse activité littéraire de son professeur de français.

Pizetta de pain à hot dog

salsa comme une bolognaise

PRÉPARATION : 5 minutes   CUISSON : 15 minutes   PORTIONS : 4 personnes

- 4 saucisses à hot dog, en petits cubes
- 15 ml (1 c. à soupe) d'huile d'olive
- 250 ml (1 tasse) de sauce tomate
- 80 ml (1/3 de tasse) de mozzarella, râpée
- 4 pains à hot dog

Dans une casserole, faire revenir à feu vif les cubes de saucisses dans l'huile d'olive pendant 2 minutes. Ajouter la sauce tomate de votre choix et cuire à feu doux durant 20 minutes en remuant de temps en temps. À l'aide d'un rouleau à pâtisserie, étaler les pains à hot dog, les placer sur une plaque allant au four, les badigeonner d'huile d'olive et les faire rôtir au four préchauffé à 200 °C (400 °F) pendant 10 minutes. Déposer de la sauce sur chaque pain, recouvrir de fromage et cuire sous le gril durant 5 minutes. Servir immédiatement.

— Pourquoi, *yo*, tu finis pas le livre, *yo*?

— Parce que je ne l'ai jamais vraiment commencé.

— Pis, le gâteau, *yo*, tu l'as commencé, *yo*?

— Non, je l'ai fini.

Thomas, à chaque cours particulier, prenait le temps de remettre dans le droit chemin, surtout le bon goût, des aliments à emporter, apportés par Gérald, qu'il jugeait avoir été proprement détournés de leur saveur originelle par une cuisine qu'il considérait comme sans cervelle, la cuisine industrielle.

— Mon père, y dit, *yo*, que c'est comme de la réno, *yo*, ce que tu fais avec mon hot dog et mes cookies, *yo*!

— Gérald, tu remercieras ton père, mais, la prochaine fois, pourrais-tu me faire ce genre de compliment après avoir pris soin de déglutir définitivement ta dernière bouchée? Regarde, tu en as mis partout sur ton cahier!

L'adolescent, à vouloir la nettoyer, écrasa de sa grosse paume, sur la page manuscrite, les miettes du gâteau. Une fois cette tâche accomplie, il finit de barrer les «*yo*» de sa rédaction et, satisfait, se leva pour s'enfuir.

— *Yo*, j'y vas! Mon père, y veut que je répare le bol des toilettes des Chinois d'à côté, *yo*! Pis, faut que je fasse ça bien, *yo*. Depuis qu'il est plus avec maman, *yo*, il est plus patient, de même, *yo*!

— Ah bon? Il n'est plus avec ta mère, il ne m'en a jamais parlé.

— Mon père, y dit: «La peine, *yo*, c'est comme l'argent, *yo*, on ne la partage jamais avec ceux qu'on connaît pas.»

— Oh, c'est vraiment joli. Il dit quoi d'autre, ton père?

— Il dit que quand il regarde le hockey à la télé, *yo*, faut pas le déranger, *yo*. Mais maintenant que maman est plus à la maison, *yo*, personne ne le dérange, *yo*, parce que moi aussi, faut pas me déranger quand je regarde le hockey, *yo* !

En sortant, Gérald fit claquer bien fort la porte sans dire au revoir, signe évident de vitalité adolescente. Thomas s'approcha du cahier de son élève alors que, dans l'appartement d'à côté, ce fut par un immense cri de soulagement que les courageux travailleurs du textile, si longtemps privés de sanitaires, accueillirent l'adolescent.

Le travail de Gérald était parfait, il ne restait plus aucun « *yo* ». Thomas tourna la page et s'installa face à la feuille blanche. Il resta un instant perplexe à repenser à cette discussion avec Marie-Ève, dans la voiture.

— Alors, ce rendez-vous que je vous ai demandé d'organiser avec Charles, vous pensez que c'est possible ?

— Oui, je vais faire de mon mieux...

— Vous allez faire de votre mieux ou je peux vraiment compter sur vous ?

— Vous pouvez compter sur moi.

— Charles vous en remerciera peut-être toute sa vie !

En lettres majuscules, sur le cahier de Gérald, Thomas écrivit un M, suivi d'un E, puis un N, et enfin un U. Il souligna le titre de sa page tout en entendant Marie-Ève lui parler alors que, face à eux, les tours de Montréal venaient d'apparaître.

— Dans la vie, qui ne tente rien n'a rien. Et puis, vous savez, des fois, l'amour naît de façon si bizarre...

PUR

Pudding de cookies et bananes au caramel mou

PRÉPARATION : 10 minutes CUISSON : 40 minutes PORTIONS : 4 personnes

- 4 tasses de cookies (par exemple biscuits aux amandes)
- 500 ml (2 tasses) de lait
- 12 morceaux de caramel du commerce (environ 1 po^3)
- 3 œufs
- 3 bananes, en rondelles

Faire bouillir le lait et y faire fondre les caramels. Dans un bol, arroser les cookies avec le lait bouillant au caramel. Lorsque les cookies ont absorbé tout le lait, ajouter les œufs battus et les bananes, puis mélanger délicatement. Mettre la préparation dans un plat allant au four et cuire au four préchauffé à 190 °C (375 °F) pendant 40 minutes. Servir froid avec du dulce de leche (voir page 188).

15.

Pourvu que l'amour s'invite à souper !

Marie-Ève ne trouvait pas le sommeil. Dans son grand lit *king*, elle se sentait petite, mais, surtout, très seule. Elle ne cessait de penser à ce rendez-vous organisé avec Charles, ce fameux repas. Ce genre de moment qu'on oublie le plus souvent, mais qui parfois peut déterminer la suite d'une vie. Voulant chasser le souvenir qui lui revenait en boucle, elle roula d'un bord à l'autre des draps, sachant qu'elle ne se cognerait contre personne. Mais les images qu'elle ne voulait plus voir revinrent immédiatement…

C'était il y a dix ans, il y a si longtemps. Elle fréquentait Luc depuis dix-neuf mois. Il venait d'entamer sa vie professionnelle après de brillantes études, voulait fonder une famille, savait cuisiner, jouait au football, entraînait bénévolement l'équipe atome du quartier, était considéré comme le meilleur voisin de la rue et, en plus, il avait de beaux yeux bleus et ne cessait de dire à Marie-Ève que la vie, il ne pouvait l'imaginer sans elle. Comme l'être humain ne peut être parfait, bien entendu, il avait un défaut, celui de ne pas être disponible les soirs de décembre.

Marie-Ève avait cru,
à cet instant,
que la vie n'était
qu'un éternel
recommencement.
Mais le temps ne se
rattrape jamais, il ne
fait que se perdre.

— Je me sens comme un berger qui ramène les brebis égarées quand je travaille bénévolement pour Nez Rouge malgré mes journées chargées à la job!

Ce soir de février, le 14, Marie-Ève avait proposé d'aller au restaurant, mais Luc avait préféré l'inviter à souper chez lui.

— Tu seras ma Valentine, je serai ton Valentin.

En entrant dans l'appartement qui se trouvait au-dessus d'une garderie, elle avait été surprise de la pénombre qui y régnait. Elle avait souri en découvrant la table, dressée en rose, éclairée par deux bougies. Luc, prévenant, et particulièrement élégant dans un beau costume tout neuf, l'avait aidée à ôter son manteau d'hiver avant de lui proposer de s'asseoir et de disparaître dans la cuisine. Il était revenu avec une bouteille de champagne dont il avait fait voler le bouchon dans les airs.

— Assieds-toi, ma chérie, j'ai quelque chose d'important à te dire...

La suite s'était déroulée comme dans un film qu'on a l'impression d'avoir déjà vu, mais dont on oublie le titre. Quand Luc avait levé sa coupe, dans laquelle les bulles éclataient, Marie-Ève avait fait de même. Avant de trinquer, il avait glissé la main dans sa poche pour en sortir un tout petit paquet, cerclé d'un beau ruban, dont le contenu ne laissait aucun doute, surtout qu'aux images, il avait ajouté la voix off.

— Marie-Ève, veux-tu m'épouser?

Et ce jour-là, à l'âge où l'on n'imagine pas que la chance ne se représentera peut-être pas, ce bel amour, le premier, elle l'avait laissé filer, pour prendre le temps de vivre.

— Avant d'être pognée avec le même pour la vie, on va commencer par profiter de la vie !

Luc et Marie-Ève avaient fini de souper en silence. Quand elle s'était levée de table, sans un regard sur la bague qui trônait toujours dans son écrin, il ne lui avait pas proposé de rester dormir. Ils ne s'étaient plus jamais revus. Elle avait donc eu tout le temps de profiter de la vie, dans la joie et l'optimisme. C'est ainsi qu'un soir, entre copines au seuil de la trentaine, était né le fameux Club des célibataires.

— Je parie, les filles, que dans un an on est toutes casées ! Et avec du premier choix, en plus !

À réentendre les rires qui avaient suivi le toast, Marie-Ève se redressa, d'un coup, dans son grand lit. Elle bascula pour saisir sa robe de chambre et se rendit dans la cuisine. À la lueur de la petite ampoule du réfrigérateur, dont elle avait laissé la porte ouverte pendant qu'elle buvait du lait, lui revint le souvenir d'avoir imaginé, un jour, que le temps l'avait rattrapée pour lui offrir une seconde chance.

Il faisait beau ce jour-là sur le mont Royal. Échevelée, rouge, depuis une heure, elle courait dans sa tenue rose. Au dernier tour de l'allée qui ceinture le lac, elle s'était soudain retrouvée face à Luc, qui marchait seul. Ils s'étaient arrêtés et longuement fixés sans qu'aucun ne dise le moindre mot. Marie-Ève avait cru, à cet instant, que la vie n'était qu'un éternel recommencement. Mais le temps ne se rattrape jamais, il ne fait que se perdre, c'est pourquoi il faut vivre la vie telle qu'on l'a rêvée.

— Papa !

— Papa !

— Papa!

— Papa!

— Wow... tu en as quatre!

— Non, cinq, mais ma femme garde le plus jeune à la maison.

— Papa, c'est quand que tu vas faire le barbecue?

— Désolé, Marie-Ève, une urgence.

Chez elle, sous la douche, elle s'était promis de ne plus jamais courir au mont Royal et de ne plus jamais laisser passer la chance, si elle devait se présenter de nouveau. Ce soir-là, comme jamais elle ne le faisait, elle était sortie boire un verre, seule, dans le premier bar venu. Et au comptoir, il y avait Thomas et ses menteries...

Marie-Ève referma la porte du réfrigérateur et retourna, d'un pas lent, dans son lit. Ce n'était pas le moment de penser à Thomas, demain, il y avait ce repas avec Charles. Elle se recroquevilla sous les draps et murmura en fermant les yeux:

— Pourvu que l'amour s'invite à souper!

Gambas rôties et salsa de fraises à l'estragon

PRÉPARATION : 5 minutes CUISSON : 8 minutes PORTIONS : 4 personnes

- 15 ml (1 c. à soupe) de gingembre, haché
- Le jus de 1 citron
- 1 pincée de paprika fumé
- Sel et poivre
- 4 grosses gambas

La salsa

- 10 fraises mûres, mais fermes, en petits dés
- 15 ml (1 c. à soupe) d'huile d'olive
- 5 ml (1 c. à thé) d'estragon, haché
- Sel et poivre

Dans un sac de plastique hermétique, mélanger le gingembre, le jus de citron, le paprika fumé, le sel et le poivre, puis ajouter les gambas et laisser macérer pendant 4 heures au réfrigérateur.

Mélanger tous les ingrédients de la salsa et réfrigérer durant 1 heure. Retirer les gambas du sac et les cuire au four préchauffé à 180 °C (350 °F) pendant 8 minutes, en les retournant à mi-cuisson. Les servir accompagnées de salsa.

Homard poché, jus de canneberge
et salade de céleri à la pomme rouge

PRÉPARATION : 15 minutes CUISSON : 15 minutes PORTIONS : 2 personnes

- 2 homards d'environ 450 g (1 lb) chacun
- 1/2 gousse de vanille
- 15 ml (1 c. à soupe) de pâte de tomate
- 250 ml (1 tasse) de canneberges

La salade

- 1 petite boule de céleri-rave, en julienne
- 1 pomme rouge (Empire), en julienne
- 10 canneberges, écrasées
- 5 ml (1 c. à thé) de yogourt
- Le jus de 1/2 citron
- 5 ml (1 c. à thé) de moutarde à l'ancienne
- Sel et poivre

Préparer un court-bouillon en portant à ébullition huit tasses d'eau et un bouquet garni (au goût : thym, persil, romarin, feuilles de céleri, poireau). Y plonger le homard la tête la première. Lorsque l'ébullition reprend, baisser le feu et laisser mijoter 15 minutes.

Mélanger délicatement tous les ingrédients de la salade et réfrigérer.

Décortiquer le homard, réserver les pinces et les queues. Concasser les carapaces des têtes et les mettre dans une casserole avec la vanille et la pâte de tomate. Faire revenir à feu vif durant 3 minutes, ajouter 500 ml (2 tasses) de court-bouillon de pochage du homard et porter à ébullition. Ajouter la moitié des canneberges et cuire pendant 15 minutes à feu moyen. Filtrer le court-bouillon, y ajouter les canneberges restantes et réduire jusqu'à consistance sirupeuse. Mixer, ajouter une noisette de beurre et servir sur le homard accompagné de salade.

Écume de petits fruits rouges

crème de gingembre et framboise

PRÉPARATION : 10 minutes CUISSON : 7 minutes PORTIONS : 2 personnes

La crème de gingembre et framboise

- 250 ml (1 tasse) de lait
- 15 ml (1 c. à soupe) de gingembre, râpé
- 30 ml (2 c. à soupe) de framboises
- 2 œufs
- 15 ml (1 c. à soupe) de sucre
- 15 ml (1 c. à soupe) de farine

L'écume de fruits rouges

- 125 ml (1/2 tasse) de fruits rouges (fraises, framboises, mûres, etc.), lavés et équeutés
- 1 blanc d'œuf
- 15 ml (1 c. à soupe) de sucre
- Le jus de 1/2 citron

Mettre le lait à bouillir avec le gingembre et les framboises. Mixer et laisser infuser pendant 3 minutes hors du feu. Dans un bol, mélanger énergiquement les œufs, le sucre et la farine, puis verser le lait chaud au gingembre, mélanger et remettre à cuire à feu moyen jusqu'à obtention d'une crème onctueuse (6-7 minutes). Réserver au frais.

À la dernière minute, mélanger tous les ingrédients de l'écume de fruits rouges dans un mixeur à pied et récupérer l'écume qui se forme sur le dessus de la préparation.

Dans deux verres, mettre un tiers de crème de gingembre et framboise froide. Surmonter de fruits rouges et coiffer d'écume de fruits. Servir très frais.

16.

Souhaite-moi bonne chance !

Charles, du revers de la main, épousseta le col de son blazer bleu, puis replaça le foulard rouge rayé de jaune, savamment planté dans le col de sa chemise d'un blanc immaculé. Il vérifia que son pantalon de tweed gris laissait bien tomber le revers d'un seul pli sur ses souliers vernis, puis s'approcha du miroir afin de vérifier qu'aucun poil disgracieux ne s'échappait de son nez ou de ses oreilles.

— Charles, je t'ai dit qu'elle avait trente-sept ans, je n'ai jamais parlé de quatre-vingt-sept !

— Qu'est-ce que tu veux dire ?

— Enlève-moi ça !

Sans attendre que Charles esquisse le moindre geste, Thomas dénoua le foulard qu'il jeta négligemment sur le lit, avant de se rendre dans le *walk-in* qui bordait la grande chambre à coucher. De la dizaine de pantalons, soigneusement repassés, qui pendaient les uns à côté des autres, il sortit les jeans qui lui paraissaient les plus usés et les tendit à son ami.

— Tiens, enfile ça !

— T'es fou ? Ceux-là, je ne m'en sers que pour faire l'ouverture de mon chalet de chasse dans le Nord !

— Charles, crois-moi, si elle te voit dans ta tenue de prince consort d'*Échos vedettes*, elle va se sentir, d'un coup, plus vieille de dix ans. N'oublie jamais que l'homme est le miroir de la femme. À travers ce qu'il incarne, il est aussi sa représentation, quelque part son identité, celle à laquelle elle a envie d'adhérer !

— Tu ne m'as pas assez parlé d'elle, c'est ça, le problème. J'ai l'impression de ne pas savoir qui elle est et j'en deviens n'importe qui. Qu'y a-t-il d'autre que tu ne m'aurais pas dit ?

— Charles, je t'ai dit tout ce que je sais d'elle. Le reste, tu le découvriras toi-même ! Allez, suis-moi !

Après avoir enfilé les jeans qui allaient enfin trouver une autre utilité que de servir à l'ouverture de son chalet de chasse dans le Nord, Charles retrouva Thomas dans la cuisine totalement rénovée. Sur la grande table blanche, des plats n'attendaient qu'à être réchauffés.

— L'entrée, tu la mets au four au moment où tu auras servi la deuxième coupe de champagne. On la boit toujours plus rapidement que la première, environ quinze minutes, et ces petits délices seront à point lorsque tu viendras les chercher. À ce moment, il ne faudra pas oublier de mettre au four le plat principal, car, considérant qu'il vous faudra... Charles ! Tu ne m'écoutes pas !

— C'est horrible, j'ai l'impression que mes jeans sentent le cerf de Virginie !

— Quel hasard ! C'est ça que j'ai cuisiné.

— Tout ce que tu sais faire, c'est te moquer de moi !

— Charles, calme-toi, tout va bien se passer...

— Et si elle me demande des nouvelles de mon coloc milliardaire?

— Cela voudra dire qu'elle n'est pas faite pour toi.

— Alors, voilà, c'est ça! Il suffit qu'une femme me parle de toi pour que tu considères qu'elle n'est pas pour moi!

Thomas s'approcha, posa ses mains sur les épaules de son ami et le fixa, rassurant.

— Tout va bien aller...

— Et si elle me demande ce que je fais dans la vie? J'ai jamais travaillé, moi!

— Tout va bien aller...

— En plus, ma mère n'est même pas au courant! Ça n'est jamais arrivé.

— Il était temps, à ton âge.

— Je ne te pardonnerai jamais ce que tu viens de dire sur ma mère!

Thomas, cette fois, ne put garder son sang-froid.

— Là, ça va faire! Tu n'arrêtes pas de me dire que la solitude te pèse. Je t'organise un rendez-vous avec une femme qui n'attend que l'amour. Je prépare le repas en fonction de tes goûts, de tes allergies et de tes petites manies, et c'est comme cela que tu me remercies? Alors que j'aurais pu franchement t'en vouloir de ne pas m'avoir remis les clefs de ton chalet dans les Laurentides, quand tu m'as demandé d'y réparer la gouttière. Car, crois-moi, ton manque de civilité et de confiance, ce jour-là, m'a placé dans une situation épouvantable!

— Si ce souper a lieu, c'est qu'elle ne devait pas être si fâchée que cela!

On écrit souvent
pour quelqu'un, plus
que pour soi-même.
Encore faut-il trouver
cette personne que
l'on souhaite séduire
de nos mots.

Thomas savait qu'il n'y avait plus rien à dire et plus rien à faire. Il regarda la pendule, puis sa montre. Il ne restait plus que dix minutes avant l'heure du rendez-vous. Sans un mot, il salua Charles de la main, puis se dirigea vers la porte, au fond du couloir. Avant qu'il n'ait eu le temps de l'ouvrir, son ami le rattrapa pour se jeter dans ses bras.

— Souhaite-moi bonne chance !

Foies gras en croûte de sel
parfum de miel et cardamome

PRÉPARATION : 10 minutes CUISSON : 15 minutes PORTIONS : 2 personnes

- 2 grosses tranches de foie gras, épaisses de 2,5 cm (1 po)
- 15 ml (1 c. à soupe) de miel liquide

La croûte de sel

- 600 ml (2 1/2 tasses) de gros sel
- 250 ml (1 tasse) de farine
- 45 ml (3 c. à soupe) de graines de cardamome
- 4 blancs d'œufs
- Poivre en grains

Dans un bol, mettre le gros sel, la farine et les graines de cardamome. Mélanger, puis ajouter les blancs d'œufs et les grains de poivre. Mélanger de nouveau et réserver à température ambiante. Badigeonner le foie gras de miel. Couvrir le fond d'un ramequin de 7,5 cm (3 po) de profondeur de la préparation de gros sel, déposer le foie gras et couvrir avec le reste de gros sel. Mettre dans un four préchauffé à 200 °C (400 °F) pendant 15 minutes. Casser la partie supérieure du gros sel cuit à l'aide d'une cuillère et servir, accompagné de pain grillé.

Carré de cerf rôti, œufs pochés
et jus de genièvre au romarin

PRÉPARATION : 10 minutes   CUISSON : 20 minutes   PORTIONS : 2 personnes

- 45 ml (3 c. à soupe) de beurre
- 30 ml (2 c. à soupe) d'huile d'olive
- Sel et poivre
- 1 petit carré de cerf d'environ 550 g (1 ¼ lb)

Les œufs pochés

- 500 ml (2 tasses) d'eau
- 30 ml (2 c. à soupe) de vinaigre blanc
- 2 œufs

La sauce

- 1 échalote sèche, hachée
- 5 grains de genièvre, concassés
- 125 ml (1/2 tasse) de vin rouge
- 2,5 ml (1/2 c. à thé) de romarin, haché finement
- 1 feuille de laurier
- 250 ml (1 tasse) de fond de veau ou de fond de gibier

Chauffer l'huile et le beurre dans une poêle à feu vif, poêler le carré, préalablement salé et poivré, pendant 4 minutes de chaque côté, en l'arrosant avec le beurre de cuisson et en le retournant de temps en temps. Réserver sur une assiette à température ambiante.

Dans une casserole large et peu profonde, chauffer l'eau et le vinaigre jusqu'à léger frémissement. Casser les œufs un à la fois dans un bol et les verser délicatement dans l'eau en tournant avec le bout d'une cuillère de bois. Cuire durant 4 minutes, puis les plonger dans l'eau glacée pour stopper la cuisson. Réserver.

Retirer le gras de la poêle ayant servi à cuire le cerf et y faire revenir l'échalote et les grains de genièvre à feu moyen pendant 2 minutes. Déglacer la poêle avec le vin rouge. Ajouter le romarin, le laurier et le fond de veau ou de gibier, réduire la sauce d'un quart, à feu moyen, et filtrer. Remettre la sauce à chauffer à feu doux et le carré au four durant 5 minutes à 200 °C (400 °F). Plonger les œufs pochés dans la sauce pendant 1 minute. Rectifier l'assaisonnement et servir avec le carré de cerf bien chaud.

Petits pots de chocolat et pistache

croustillant de noisettes

PRÉPARATION : 15 minutes CUISSON : 20 minutes PORTIONS : 2 personnes

Le croustillant de noisettes

- 125 ml (1/2 tasse) de sucre
- 15 ml (1 c. à soupe) d'eau
- Les zestes de 1/2 citron
- 125 ml (1/2 tasse) de noisettes entières

Les petits pots

- 250 ml (1 tasse) de crème à 35 %
- 125 ml (1/2 tasse) de chocolat noir à 70 %
- 1 jaune d'œuf
- 15 ml (1 c. à soupe) de pâte de pistache

Pour préparer le croustillant, mettre dans une casserole le sucre et l'eau. Cuire à feu moyen jusqu'à obtention d'une couleur caramel, puis verser les zestes et les noisettes. Mélanger et verser bien à plat sur une plaque légèrement huilée. Laisser refroidir et concasser les noisettes. Réserver dans un endroit frais et sec.

Chauffer la crème à feu moyen. Lorsque celle-ci frémit, ajouter le chocolat, mélanger et laisser refroidir pendant 10 minutes, puis verser le jaune d'œuf et la pâte de pistache. Fouetter énergiquement et répartir dans des petits pots de service. Laisser figer durant 4 heures et servir surmontés de noisettes craquantes.

17.

J'ai rencontré l'amour!

Le couvercle de la poubelle de la cuisine, qui n'avait pu être refermé, laissait entrevoir quelques boîtes de conserve vides. Devant la cuisinière, Thomas retira le doigt du contenu de la casserole sur le feu. Il grimaça, puis s'interrogea en plissant les yeux. Ils se rouvrirent d'un coup et la réponse, évidente, fusa.

— De la muscade!

Thomas fit, des yeux, le tour de la cuisine, sans trouver une quelconque étagère à épices. Il ouvrit un placard, puis un autre, puis encore un autre. Après les avoir tous ouverts, et refermés en pestant, il revint, dépité, vers sa préparation. Il y planta une nouvelle fois son doigt, qu'il porta ensuite à sa bouche, et l'ôta, abattu et vaincu de ne pas la trouver à son goût. Il s'affala sur une chaise, près de la petite table, mais n'eut pas le temps de sombrer plus bas dans la déprime culinaire, sursautant d'un coup en entendant une clef ouvrir la porte d'entrée de l'appartement.

— Excusez-moi, ç'a été plus long que prévu, ils n'avaient plus de pain à la boulangerie d'en bas, j'ai dû prendre la voiture pour aller à Deuxième Moisson.

Thomas se leva d'un bond.

— Avez-vous de la muscade ?

— Mais bien entendu. Qui n'a pas de muscade ?

— Alors, pourquoi la cacher, Marie-Ève ?

— Thomas, « cacher » est un bien grand mot, elle est juste dans le petit placard vertical, à côté de la cuisinière. Il est sur roulettes, il y a un ressort, il faut le pousser pour le déverrouiller, et il viendra à vous.

En sortant de chez Charles, une heure plus tôt, Thomas avait appelé Marie-Ève qui venait de quitter Martine, elle aussi très anxieuse. Les deux conspirateurs avaient convenu que le mieux serait de rester ensemble en attendant de découvrir les résultats du *blind date* qu'ils avaient organisé.

Après avoir prétexté que la cuisine des restaurants, même celle des meilleures tables, lui donnait des haut-le-cœur à trop les fréquenter, Thomas avait concédé qu'il aurait bien aimé la recevoir chez lui, chose malheureusement impossible, puisque Charles occupait leur appartement. Beau joueur, il avait finalement accepté l'invitation de Marie-Ève à souper chez elle, en y posant une seule condition, non négociable :

— Je cuisine !

— Mais mon frigo est vide. J'ai eu une semaine de fou. Je n'aurai jamais le temps de faire des courses, j'ai une journée impossible et, en plus, elle est loin d'être finie...

— Je m'occupe de tout !

Même si elle s'était un peu étonnée de retrouver Thomas les mains vides, au bas de son immeuble, elle ne fut pas surprise du festin qu'il avait réussi à concocter avec les conserves qui traînaient dans ses placards.

Velouté de maïs à la muscade

PRÉPARATION : 20 minutes CUISSON : 5 minutes PORTIONS : 2 personnes

- 5 ml (1 c. à thé) de beurre
- 1 oignon, haché
- 500 ml (2 tasses) de maïs en crème en boîte
- 500 ml (2 tasses) de bouillon de légumes
- 2,5 ml (1/2 c. à thé) de muscade
- Sel et poivre

Faire fondre le beurre à feu doux dans une casserole, ajouter l'oignon et cuire pendant 5 minutes. Verser le maïs en crème et le bouillon de légumes, et cuire durant 15 minutes à feu moyen. Assaisonner de muscade, de sel et de poivre, poursuivre la cuisson pendant 5 minutes. Mixer et filtrer. Servir bien chaud.

— Déjà, ces truites dans ma boîte à chaussures, extraordinaires.... Mais là, je n'en reviens pas. Vous savez, Thomas, j'ai rarement vu quelqu'un d'aussi ingénieux que vous!

— Remettez-vous-en, les gens ingénieux sont souvent ceux qui n'ont jamais appris. Parce que vous savez, Marie-Ève, la débrouillardise, à défaut de remplacer le savoir, masquera toujours l'ignorance.

— C'est très beau ce que vous dites, mais ça ne me dit pas pourquoi vous cuisinez si bien.

— Je crois, en fait, que j'aime faire quelque chose de beau et de bon à partir de quelque chose de simple!

— Je vous reconnais bien, là... Quelque part comme enjoliver les choses?

— On peut dire ça comme ça.

— Thomas, à vous écouter, j'ai souvent pensé que vous devriez écrire...

— C'est drôle, j'y ai déjà pensé aussi...

— Vous avez déjà écrit quelque chose?

— Trois fois rien...

— Vous me le ferez lire?

Thomas, qui semblait toujours capable de faire face à toute situation, ne trouva pas la réplique. Il aurait pu choisir en cet instant de tout dire, de tout révéler, mais il préféra célébrer ce qu'il venait d'entendre. On écrit souvent pour quelqu'un, plus que pour soi-même. Encore faut-il trouver cette personne que l'on souhaite séduire de nos mots. Alors, assis à la petite table de la cuisine qu'il avait préférée à celle du salon, histoire de manger une fois dans sa vie « à la bonne franquette », il leva son verre en prenant soin de ne pas se

L'homme est le miroir de la femme. À travers ce qu'il incarne, il est aussi sa représentation, quelque part son identité, celle à laquelle elle a envie d'adhérer.

brûler à la bougie, que son hôtesse, bonne franquette ou pas, avait tenu à placer là.

— Trinquons!

— À quoi?

— À toi, Marie-Ève.

— Non, à nous, Thomas ...

Les verres tintèrent. En cet instant, les joues rosies de Marie- Ève ne trahissaient pas seulement les verres déjà bus.

— Tu sais, Thomas, c'est tellement agréable, pour une fois, de ne pas être seule dans cet appartement.

Thomas posa sa main sur celle de Marie-Ève.

— Je te comprends tellement ...

Alors que les doigts de Thomas enserraient ceux de Marie-Ève, il approcha son visage du sien. Sans bouger la main, qu'elle ne voulait plus enlever de ce gant de velours, elle se contenta d'attendre patiemment les lèvres de Thomas pour arrêter le temps, pour savourer l'instant. Au moment où leurs souffles se mêlaient, le cellulaire de Marie-Ève fit retentir sa stridente sonnerie tout en faisant clignoter, sur l'afficheur, l'identité de celui qui venait de briser ce moment de grâce.

— C'est Martine qui veut certainement me donner des nouvelles de sa soirée avec Charles... Je décroche?

— Oui, si jamais je dois aller le récupérer en haut du pont Jacques-Cartier, autant le savoir tout de suite...

Marie-Ève n'eut pas le temps de dire «allô» que le souffle du hurlement qui s'échappa du haut-parleur de l'appareil fit coucher la flamme de la bougie, jusqu'à presque l'éteindre.

— J'arrive, faut que je te raconte. J'ai rencontré l'amour!

Pommes de terre farcies

d'une mousseline de thon, coulis de poivrons et de tomates épicées

PRÉPARATION : 15 minutes CUISSON : 45 minutes PORTIONS : 2 personnes

- 2 grosses pommes de terre
- 1 boîte de thon de 170 g (6 oz)
- 5 ml (1 c. à thé) de moutarde forte
- 5 ml (1 c. à thé) de persil
- 30 ml (2 c. à soupe) de crème sure
- 2 tomates, concassées
- Sel et poivre
- Huile d'olive
- 1 poivron rouge, en cubes
- 1 pincée de chili
- 250 ml (1 tasse) d'eau

Cuire les pommes de terre avec leur peau dans de l'eau bouillante durant 15 minutes ou jusqu'à ce que la lame d'un couteau les traverse sans résistance. Laisser refroidir, puis retirer le tiers supérieur de chaque pomme de terre et évider l'autre partie. Couper en petits cubes la chair ainsi obtenue. Mettre les cubes de pommes de terre dans un bol avec le thon en boîte, la moutarde, la crème sure, le persil et 15 ml (1 c. à soupe) de tomate concassée. Saler, poivrer et mélanger délicatement. Farcir les pommes de terre de la préparation et les placer dans le four préchauffé à 190 °C (375 °F) pendant 15 minutes (on peut aussi mettre du fromage, si désiré). Pendant ce temps, mettre un peu d'huile d'olive, le reste des tomates et le poivron dans une poêle et faire revenir à feu moyen durant 5 minutes. Ajouter le chili et 250 ml (1 tasse) d'eau, saler, porter à ébullition et cuire pendant 10 minutes. Mixer, filtrer et réserver au chaud. Servir les pommes de terre avec le coulis épicé.

Compotée tiède de pommes et orange

glace vanille aux brisures de barre Mars

PRÉPARATION : 5 minutes   CUISSON : 15 minutes   PORTIONS : 4 personnes

- 3 pommes, pelées et épépinées
- 1 orange
- 15 ml (1 c. à soupe) de miel
- 125 ml (1/2 tasse) de glace à la vanille
- 1 barre Mars

Placer la barre Mars au congélateur. Lorsqu'elle est congelée, la concasser à l'aide d'un gros couteau et la remettre au congélateur.

Couper les pommes en quartiers et réserver. Peler à vif l'orange et ôter les suprêmes. Dans une casserole, cuire l'orange, les pommes et le miel à couvert, à feu doux, pendant 15 minutes. Mélanger à la cuillère et laisser tiédir la compotée, puis la verser dans des tasses et surmonter de glace à la vanille et de barre Mars concassée.

ID inconnue

18.

Je lui ai dit que c'est toi qui nous l'offrais

Devant les cadres, dans le salon, Charles, en pyjama, dépeigné, carnet et stylo en main, affichant une béatitude dont Thomas ne l'aurait jamais cru capable, comptait les photos où il figurait avec sa mère. Puis il en inscrivit le nombre sur la feuille avant de crier bien fort :

— Il y en a dix-neuf. À mon retour, je veux qu'il y en ait dix-neuf. Et je te préviens, ne va pas inventer une quelconque histoire, je te demande de ne pas les bouger de ce mur. Comme tu le sais, je contreviens aux désirs de ma mère en faisant ce voyage et si jamais elle découvrait que tu habites ici, et qu'en plus, ses photos ont disparu, elle me déshériterait, ce qui serait pour moi un petit inconvénient, mais pour toi une tragédie.

Charles mit la main dans sa poche pour en sortir une clef, puis se rendit dans la cuisine, où Thomas, mal réveillé et visiblement d'une humeur maussade, en boxer et t-shirt, préparait un copieux brunch. Du bout des doigts, Charles agita la clef sous le nez de son ami qui faisait griller des cubes de melon.

— Voilà la fameuse clef du chalet que tu n'aurais jamais trouvée sans la perspicacité de Marie-Ève. Dans les Laurentides, maman n'y va jamais, tu peux faire comme chez toi. Je te demanderais juste de finir les travaux commencés, d'assumer l'entretien courant, et si jamais ton amie avait le pouce vert, cela serait très apprécié. Je m'avance peut-être un peu... Au fait, a-t-elle le pouce vert ?

— Je ne sais pas encore. Au moment où j'allais lui poser la question, hier soir, ta fiancée est arrivée...

— Raconte-moi ça.

— Charles, je te l'ai raconté dix fois, cette nuit.

— Bon ! Puisque Monsieur n'est pas d'humeur à badiner, je continue. Je laisserai instruction à mon banquier de régler toutes les factures courantes et petites dépenses corollaires concernant cet appartement qui pourraient m'échapper... Afin que cette cuisine garde son rang et que le meilleur continue d'y voir le jour, je t'ouvrirai une note aux Quatre Saisons... et ne pense pas que tout cela n'est que générosité de ma part, mais, si loin, de savoir que quelqu'un habite mon appartement me rassurera : les voleurs et autres voyous commencent à pulluler, même dans ce très beau quartier. Ah, j'oubliais, la femme de ménage passe le lundi, le mercredi et le vendredi, alors il serait bon de...

— Charles ! Je suis arrivé ici à onze heures du soir parce que tu avais besoin de parler. Nous l'avons fait jusqu'à quatre heures du matin. J'ai dormi sur le divan jusqu'à ce que tu me réveilles à neuf heures pour qu'on parle encore d'elle. Là, j'ai pas assez dormi, mais je suis en train de te préparer un brunch, comme tu les aimes... Tu ne penses pas que tout cela peut attendre ?

— Mais on n'a plus une minute, nous partons dans huit jours !

— Franchement, es-tu certain que de tout quitter pour une personne avec qui tu n'as passé que quatre heures dans ta vie soit bien raisonnable ?

— Que ça soit raisonnable m'importe peu. J'admets qu'il y a dans cette décision quelque chose qui peut paraître précipité, mais n'est-ce pas normal de se précipiter quand, après avoir attendu si longtemps, se présente à toi la certitude que tu es face à l'amour de ta vie ?

Aux lèvres qui se pincèrent, à la main qui cessa de tourner les carrés de melon, au regard qui s'embruma, il était évident que les mots avaient frappé Thomas de plein fouet. Celui-ci s'approcha de Charles pour lui donner une longue, sincère et amicale accolade. Les deux hommes se séparèrent, émus. Thomas plaça les melons, grillés à point, sur une planche, servit Charles, puis le regarda, tracassé.

— Une question que je ne t'ai pas posée hier...

— Si tu veux savoir si nous avons consommé, la réponse est oui... C'est bien pour ça que le plat principal a été complètement carbonisé.

— J'avais mis trois heures à le préparer...

— Oui, mais ta théorie des quinze minutes entre la première et la deuxième coupe de champagne n'a pas tenu, considérant que tu as mal évalué les effets secondaires du produit dont tu as sous-estimé l'impact...

— Une coupe n'a jamais été suffisante pour que deux êtres se jettent l'un sur l'autre à en oublier le plat qui est au four !

— Si tu considères l'effet démultiplicateur du coup de foudre, une coupe suffit largement.

Thomas ne reconnaissait plus Charles. Cet ami auparavant si timide, réservé, pudique au point de ne pas oser changer ses chaussettes devant lui, dissertait librement sur ses galipettes sur canapé.

— En fait, c'est pas cela que je voulais te demander... Tu sais... vous parlez de faire le tour du monde.... Tu es *a priori* ruiné... sans le sou... Je t'ai entendu tout à l'heure commander deux billets d'avion, ça avait pas l'air donné .... Tu vas lui expliquer ça comment ?

— Facilement. Je lui ai dit que c'est toi qui nous l'offrais...

Œufs cocotte

crème réduite de vodka

PRÉPARATION : 10 minutes CUISSON : 15 minutes PORTIONS : 4 personnes

- 4 œufs
- 500 ml (2 tasses) de crème à 35 %
- 15 ml (1 c. à soupe) de ciboulette, hachée
- 60 ml (1/4 tasse) de vodka
- Sel et poivre

Dans une casserole à fond épais, mettre la crème, la ciboulette et la vodka, et réduire de moitié à feu doux. Casser les œufs dans 4 ramequins et verser la crème réduite uniformément sur chacun d'eux. Mettre au four préchauffé à 200 °C (400 °F) pendant 6 minutes. Servir immédiatement.

Cubes de melon

grillés à l'huile de curry

PRÉPARATION : 5 minutes CUISSON : 7 minutes PORTIONS : 4 personnes

- 12 gros cubes de melon cantaloup (ou plus)

L'huile de curry

- 125 ml (1/2 tasse) d'huile d'olive
- 7,5 ml (1/2 c. à soupe) de poudre de curry
- Le jus de 1/2 orange
- 5 feuilles de menthe

Sur le gril chaud, cuire les cubes de melon durant 1 minute de chaque côté et réserver à température ambiante. Dans une casserole, faire tiédir tous les ingrédients de l'huile de curry pendant 3 minutes, mixer, filtrer et servir avec le melon grillé.

Blinis de saumon fumé

et crème sure, aneth et citron vert

PRÉPARATION : 10 minutes CUISSON : 6 minutes PORTIONS : 4 personnes

Les blinis

- 250 ml (1 tasse) de farine
- 5 ml (1 c. à thé) de sucre
- 5 ml (1 c. à thé) de sel
- 1 sachet de levure sèche
- 250 ml (1 tasse) de lait tiède
- 4 œufs, séparés

La garniture

- 250 ml (1 tasse) de crème sure
- Poivre concassé
- 4 tranches de saumon fumé
- Quelques brins d'aneth
- Quelques quartiers de citron vert

Dans un bol, mettre la farine, le sucre, le sel et la levure délayée dans le lait tiède et les jaunes d'œufs. Mélanger énergiquement jusqu'à obtention d'une pâte homogène.

Battre les blancs en neige très ferme, puis les incorporer délicatement à la préparation.

Cuire dans une poêle antiadhésive légèrement huilée en y versant un peu de pâte afin d'obtenir de petits blinis. Laisser dorer et retourner à mi-cuisson. Réserver sur du papier absorbant. Coiffer chaque blini de crème sure et de poivre concassé, surmonter de saumon fumé et de brins d'aneth. Servir avec des quartiers de citron vert.

19.

J'ai envie de t'embrasser

Du barbecue s'échappait un fumet exquis qui remontait le long des lattes de bois usé grâce auxquelles le vieux chalet se tenait encore bien droit. Un lecteur MP3 crachait les tubes des Doors. Allongé sur un transat, Thomas, pensif, sirotait une bière bien fraîche, aux côtés de Marie-Ève. Martine, les cheveux désormais rouges, conséquence d'une violente teinture au henné, dégageait une forte odeur de patchouli équitable. Dans sa robe ample, bariolée, qui volait au vent, elle admirait Charles. Sa large chemise blanche en coton, dont les trois premiers boutons étaient ouverts, pendait sur les jeans qu'il mettait jadis pour ouvrir son chalet de chasse dans le Nord. Sur une carte du monde, punaisée aux lattes de bois, pas loin du barbecue, il pointa du doigt la mince ficelle qui relie les deux Amériques.

— Première escale, le Honduras ! S'il y a un pays dont on parle peu mais qui a besoin de notre soutien, c'est bien celui-ci. Nous irons aider qui nous pourrons, dormirons chez l'habitant ou dans des auberges de jeunesse, puis, sac au dos, nous traverserons l'Amérique du Sud jusqu'à Ushuaïa, en Terre de Feu. Nous voyagerons en bus, sur le pouce, en vélo, à cheval, en carriole, en pirogue, à pied... et en rampant, s'il le faut!

— Mais vous allez vous faire trancher la gorge! La probabilité de se faire tuer par un guérilléro est bien plus forte que de se faire mordre par une mygale dans ces contrées lointaines!

— Thomas, quand tes intentions sont pures, le pire des brigands le ressent et te laisse passer ton chemin. En plus, nous partons dans le plus parfait dénuement, aucune richesse, pas de cartes de crédit, pas de liasses, pas de montres, rien d'autre que nous deux!

Martine, qui dévorait Charles des yeux depuis le début de son exposé, se jeta sur lui. Ils échangèrent un long, langoureux et, fort probablement, baveux baiser, avant que Martine, rassasiée, ne se détache et ne se tourne vers Thomas.

— Merci pour les billets d'avion en première classe que tu nous as si gentiment proposés. Mais là, j'ai dit: « Wow, ça part mal si on commence comme ça. Nous voyagerons en classe économique et l'argent épargné servira à installer une pompe à eau en Afrique! » Hein, minou?

— Oui, minou!

Alors que Charles et Martine, main dans la main, partaient courir dans les champs pour y cueillir des marguerites, avant de s'asseoir dans la position du lotus, à la recherche de leurs chakras, Thomas repensa à l'incroyable rencontre qui venait de faire basculer le destin des deux tourtereaux. Lors de ce fameux premier rendez-vous, Charles, ne voulant pas trahir les mensonges de Thomas, avait conté la ruine de sa famille, tout en admettant, en guise de touche personnelle, que, richesse ou pas, la vie l'ennuyait plus qu'elle ne

Courgettes grillées

et huile de tomate

PRÉPARATION : 10 minutes CUISSON : 6 minutes PORTIONS : 4 personnes

- 2 tomates
- 2 gousses d'ail
- 250 ml (1 tasse) d'huile d'olive
- 1 branche de thym
- Sel et poivre
- 4 petites courgettes coupées en 2 dans le sens de la longueur

Préchauffer le barbecue sur un seul côté à 200 °C (400 °F). Griller les tomates et les gousses d'ail entières pendant 10 minutes. Retirer la pulpe de l'ail et la placer dans un mixeur avec les tomates grillées, l'huile d'olive, le thym, le sel et le poivre. Pulser, filtrer et réserver à température ambiante. Griller les courgettes légèrement assaisonnées durant 3 minutes de chaque côté. Les servir immédiatement accompagnées d'huile de tomate.

Carrés de porcelet
légèrement fumé au cèdre

PRÉPARATION : 5 minutes CUISSON : 30 minutes PORTIONS : 4 personnes

- 1 carré de porcelet
- 30 ml (2 c. à soupe) d'huile d'olive
- Sel et poivre
- 1 planchette de cèdre préalablement trempée 1 heure dans l'eau
- 2 petites branches de cèdre de 30 cm (1 pi)

Préchauffer le barbecue sur un seul côté à 200 °C (400 °F). Huiler le carré de porcelet, puis saler et poivrer généreusement. Placer le carré sur la grille du barbecue, côté allumé, et griller pendant 2 minutes de chaque côté, puis le déplacer côté éteint sur la planchette de cèdre. Mettre une branche de cèdre côté allumé, fermer le couvercle et cuire durant 15 minutes. Déposer une autre branche côté allumé, tourner le carré et cuire encore pendant 10 à 15 minutes. Vérifier la cuisson et servir immédiatement.

l'amusait ; il n'y trouvait aucun vrai sens. Martine avait tout de suite compris Charles. Elle aussi se demandait pourquoi elle se levait chaque matin et elle avait admis qu'elle ne possédait rien non plus, si ce n'était une liste de surnoms, plus inamicaux et grossiers les uns que les autres, dont l'avaient affublée ses élèves du secondaire, qui ne lui étaient aucunement reconnaissants de s'échiner à leur faire découvrir les secrets de la musique, pas n'importe laquelle, la grande.

— M'dame... vous pouvez arrêter de frotter sur votre machin avec votre bâton, j'entends plus rien dans mon iPod.

— On ne dit pas « machin », on dit « violon » !

Mais, au lieu de se lamenter sur leur sort, première coupe de champagne bue, Martine et Charles s'étaient d'abord sautés dessus sur le divan qui avait vu Charles porter son premier toast, à la demande de sa mère, lors de sa communion solennelle. Du haut du septième ciel, en reprenant leur souffle, tout en dégustant les bulles d'une deuxième coupe, ils s'étaient dit qu'il y avait bien plus pauvres et malheureux qu'eux dans ce monde. Alors, ils en feraient le tour, pour aider, partager et découvrir.

— Minou, j'ai vendu tous mes bijoux. Ils ne valaient pas grand-chose, et d'ailleurs, s'ils valaient si peu, me rendaient-ils vraiment plus belle ?

— Minou, c'est toi qui rendais les bijoux plus beaux.

Thomas rouvrit les yeux, saisit une autre bouteille de bière dans le seau plein de glaçons et remplit sa chope. Il se tourna vers Marie-Ève qui, les yeux fermés, semblait dormir. Il porta le verre à sa bouche et savoura une gorgée, en la retenant en bouche. Il fronça les sourcils et fixa la chaîne stéréo en se demandant ce qu'elle pouvait bien jouer. Il comprit vite que Jim Morrison ne chantait plus, mais qu'au loin, chakras libérés, c'étaient bien Martine et Charles qu'il entendait hululer *What a Wonderful Word*.

Libéré du poids de ce qu'il était auparavant, Charles était maintenant celui qu'il avait toujours voulu être. Son départ, tout comme le fait de subvenir aux besoins de Thomas tout en lui laissant son appartement, faisait en sorte que celui-ci allait devenir celui qu'il prétendait être, sans pour cela être celui qu'il était vraiment. Se prétendre pauvre alors que l'on est riche est-il plus grave que de se dire riche quand on est pauvre ? Peu importe, tant que l'on est heureux. Thomas renversa la question et se la posa à lui-même : « Suis-je heureux ? »

Il n'eut pas le temps d'y penser longtemps. Une main se posa délicatement sur son épaule. Il sursauta. Marie-Ève lui sourit et s'approcha.

— J'ai envie de t'embrasser.

Papillotes de fruits au miel
à l'anis étoilé, et vapeur de feuilles de maïs

PRÉPARATION : 15 minutes CUISSON : 12 minutes PORTIONS : 4 personnes

- 500 ml (2 tasses) de fruits de votre choix (pommes, ananas, poires, pêches, etc.), en cubes
- 30 ml (2 c. à soupe) de miel
- 2,5 ml (1/2 c. à thé) d'anis étoilé, moulu
- 8 grandes feuilles de maïs frais, trempées dans l'eau

Préchauffer le barbecue sur un seul côté à 200 °C (400 °F). Dans un bol, mélanger les fruits, le miel et l'anis étoilé. Étaler les feuilles de maïs en double épaisseur, placer au centre les fruits et refermer les feuilles en papillotes. Attacher les extrémités avec de la ficelle mouillée. Griller les papillotes pendant 2 minutes, puis les mettre du côté éteint du barbecue. Fermer le couvercle et cuire durant 10 minutes. Servir immédiatement. (Très bon accompagné de crème glacée au chocolat.)

20.

J'suis plus capable de supporter ça !

L'appartement de Martine, presque vide, résonnait des pas et des voix que recouvrait, par moments, la mélodie joyeuse de Prokofiev que crachait une petite chaîne stéréo posée à même le sol.

— Depuis que je connais Charles, quand je suis seule, je ne me lasse plus d'écouter *Roméo et Juliette* ! C'est comme s'il était là, marchant avec moi sur la grande scène de l'opéra ! Pis ça me fait oublier l'humiliation que j'ai vécue petite quand, à l'école de danse, au spectacle de fin d'année, parce qu'il n'y avait pas assez de garçons dans les cours, j'ai fait le pas de deux toute seule, en pleurant de honte, alors que le public pleurait de rire.

Contre le mur du couloir, il y avait des cartons empilés sur lesquels Marie-Ève et Marie, en sueur et couvertes de poussière, entassaient d'autres cartons, dans un incessant va-et-vient entre les différentes pièces, sous les yeux vigilants de Martine.

— Les filles, ça, c'est ma vaisselle que je veux donner à l'Armée du Salut. Ne la mélangez pas avec mes vieux vêtements que je veux apporter aux femmes du Honduras !

— Martine, la température moyenne de l'année est de presque trente degrés au Honduras. Je ne pense pas que ça va beaucoup leur servir, ton Kanuk. Hein, Marie?!

— Oui, et pis une fois rendue à la Terre de Feu, tu risques fort de regretter de ne plus l'avoir. Surtout que c'est l'hiver en ce moment!

— C'est plutôt l'hiver trois cent soixante-cinq jours par an, là-bas!

Tandis que Marie et Marie-Ève éclataient de rire en s'épongeant le front, avant de retourner à d'autres cartons, Martine, tout en passant en revue les fondamentaux de la simplicité volontaire sous le point de congélation, replaça à son bandeau bleu la marguerite blanche fraîchement coupée qui ressortait si joliment au milieu de ses cheveux rouges. Fleur en place, elle se résigna à extirper du carton de vêtements son chaud manteau québécois pour le poser à côté de son sac à dos fabriqué en Chine et fila dans sa chambre pour fouiller dans le peu de vêtements qu'il restait dans l'armoire suédoise.

— Tiens, je vais plutôt leur donner mes joggings roses. Il doit bien des fois faire un peu frette. Pis, moi, ça me fait pas, le rose. Je les ai jamais portés!

Une heure plus tard, les bagages de Martine étaient prêts. Un sac à dos pour elle, un autre pour les femmes du Honduras et, dans un coin, les nombreux cartons pour les diverses œuvres caritatives du quartier. Dans le réfrigérateur, deux bouteilles de cidre équitable attendaient de laisser éclater leurs bulles. Sur la table, Charles et Thomas, à peine arrivés, étalaient avec soin petits fours et autres gâteries dans

Brandade de saumon fumé aux baies roses

PRÉPARATION : 15 minutes CUISSON : 10 minutes PORTIONS : 6 personnes

- 60 ml (1/4 tasse) de crème à 35 %
- 1 gousse d'ail, hachée
- 125 ml (1/2 tasse) de saumon fumé, haché
- 30 ml (2 c. à soupe) de baies roses
- 250 ml (1 tasse) de pommes de terre cuites à l'eau
- Huile d'olive
- Sel et poivre

Chauffer la crème et l'ail jusqu'à léger frémissement. Ajouter le saumon fumé et la moitié des baies roses. Cuire pendant 2 minutes, puis, à la fourchette et hors du feu, ajouter les pommes de terre et l'huile d'olive en écrasant. Rectifier l'assaisonnement, ajouter le reste des baies, mélanger et servir tiède.

Tartare de légumes, noix de pin grillées et origan

PRÉPARATION : 20 minutes PORTIONS : 6 personnes

- 1/2 courgette, en tout petits dés
- 1/2 carotte, en tout petits dés
- 1/2 concombre, en tout petits dés
- 1/2 poivron rouge, en tout petits dés
- 5 ml (1 c. à thé) d'origan, haché
- Le jus de 1/2 citron
- 30 ml (2 c. à soupe) de noix de pin, grillées
- 30 ml (2 c. à soupe) d'huile d'olive
- Sel et poivre

Mélanger tous les ingrédients, réfrigérer pendant 30 minutes et servir.

de grands plats en argent que Thomas avait eu la délicatesse d'apporter de chez lui, enfin de chez Charles.

— Comment ça, ils ne sont pas encore arrivés?

Esther avait prévenu. Son chum devait d'abord aller signer des autographes au Lavauto du Plateau.

Malgré l'énorme surprise de voir sa vieille amie du Club des célibataires trouver l'amour, le vrai, en huit jours, premier baiser, galipettes sur canapé et départ au bout du monde compris, Esther avait accepté avec enthousiasme de venir trinquer avec elle avant son départ, accompagnée de son joueur de hockey magasiné dans les allées de Provigo.

— Désolée pour le retard, les filles! Stanley a signé cent cinquante-neuf fois sa même photo! Mais qu'est-ce que c'est, une heure dans ta vie, quand, pendant un an, on te lave ton char gratuitement?

En connaisseur des célébrations, celles des grandes victoires que l'on noie dans le pétillant, le joueur de quatrième trio, un long couteau à pain en main, insista pour sabrer le cidre.

— Quand j'ai gagné mon premier tournoi pee-wee, meilleur compteur au passage, j'ai réussi à faire sauter le bouchon d'une bouteille de champagne avec ma seule lame de patin!

— Stanley, nous ne sommes pas dans un vestiaire, c'est petit ici, qu'en dirais-tu si nous ouvrions cette bouteille de manière traditionnelle?

— Laisse-moi faire, Thomas! *Watch the guy!*

D'un coup sec et ferme, l'acier du couteau à pain fracassa le goulot qui, brisé net au col, s'envola dans les airs en emportant le bouchon sous les cris admiratifs de tous les convives, sauf une.

— Aïe! Aïe! Aïe! Aïe!

Marie n'eut pas le temps de redire un seul «aïe!» que son œil doubla de volume. Immédiatement, Esther, habituée à soigner son hockeyeur de mari au retour des mauvais soirs, ouvrit le réfrigérateur pour sortir trois glaçons qu'elle appliqua sans ménagement sur l'arcade rosie de son amie, avant de l'emmener dans la salle de bains, en prenant soin de bien refermer la porte pour ne point choquer les âmes sensibles. Mais cela ne changea pas grand-chose, car la douleur, on ne la décrit pas, on l'exprime.

— Aïe! Aïe! Aïe! Aïe!

Stanley, penaud, fixait toujours la bouteille décapitée et le couteau à pain en tentant de comprendre quel mauvais rebond avait pu provoquer la mise hors jeu de Marie.

— Je pouvais pas deviner que le bouchon en cognant le plafond rebondirait sur le réfrigérateur pour lui revenir droit dessus!

Quand dix minutes plus tard les coupes de cidre équitable furent levées dans un même élan, pour trinquer au départ imminent des deux tourtereaux, tout le monde fit mine de ne point remarquer l'énorme hématome qui cernait l'œil de Marie. Il était si gros que, même de dos, on pouvait l'apercevoir.

— Trinquons à Martine et à Charles!

— Vive les amoureux!

— Revenez-nous mariés!

— Avec des enfants!

— Vous allez nous manquer!

— Et si on faisait une photo-souvenir?

— Allez, on se place!

Les couples, les vrais, sans se regarder, savent naturellement se trouver pour tracer ensemble leur chemin. Comme dans un ballet, comme si tout avait été répété, Marie-Ève se plaça à côté de Thomas, Stanley se colla à Esther, et Martine alla se souder à Charles. Par la loi des nombres impairs, Marie se retrouva seule et n'eut d'autre choix que de se saisir de l'appareil photo.

— Au moins, t'as pas à réfléchir pour savoir quel œil fermer!

Personne n'eut le mauvais goût de rire à la blague de Stanley qui, en désavantage numérique, n'insista pas. Le doigt de Marie se posa sur le déclencheur, puis resta un moment sans esquisser le moindre mouvement. Soudain, il fut pris de tremblements. Progressivement, le bras en fit autant, avant que le corps ne puisse retenir ses premiers spasmes. Une larme s'échappa de l'œil qui n'était pas tuméfié, puis une autre, et encore une autre. Les trois couples perdirent peu à peu leur sourire et leur prestance. La solitude, parce qu'on n'a que soi à regarder, est le triste portrait d'un douloureux et silencieux monologue. Et quand on est confronté à ceux qui s'aiment, ces bonheurs qui nous fuient semblent vouloir nous hurler aux oreilles notre propre malheur. Et personne ne s'est étonné d'entendre Marie crier entre ses larmes:

— J'suis plus capable de supporter ça!

Satay de poulet pancko et coco

PRÉPARATION : 10 minutes CUISSON : 3 minutes PORTIONS : 6 personnes

- 450 g (1 lb) de poitrine de poulet, sans la peau
- 60 ml (1/4 de tasse) de lait de noix de coco
- Le jus de 1 lime
- 6 pics en bambou de 10 cm (4 po) de long
- 125 ml (1/2 tasse) de pancko (chapelure japonaise)
- Sel et poivre
- Huile à frire
- Sauce soya

Détailler 6 lanières de poulet dans la longueur et les assaisonner. Dans un bol, mettre le lait de noix de coco et le jus de lime, et laisser mariner le poulet pendant 2 heures. Enfiler les lanières de poulet sur les pics en bambou. Enrober les satay de poulet de pancko en pressant légèrement afin que celui-ci soit bien fixé. Chauffer l'huile à 180 °C (350 °F) et frire les satay pendant 2 ou 3 minutes. Placer sur du papier absorbant et servir avec de la sauce soya.

21.

Sacré toi, sacré chum !

Thomas sourit en regardant l'enveloppe, puis admira le timbre qui commémorait les quatre-vingts ans du premier vol de l'Aéropostale reliant les Pyrénées françaises aux Andes boliviennes. Il déchiffra le cachet de la poste pour découvrir que l'envoi datait de deux semaines. Il s'installa confortablement sur le divan, déchira délicatement l'enveloppe pour en sortir deux feuilles manuscrites.

Mon cher Thomas,

Excuse-moi de ne pas t'avoir donné des nouvelles plus tôt, mais le temps passe à cent à l'heure. Je t'écris avec, face à moi, la jungle amazonienne, alors que Martine dort dans un hamac, plus loin. Je ne sais si c'est l'odeur de sa peau, ou de son sang, mais toujours est-il que les moustiques locaux se jettent sans cesse sur elle. Cela la fatigue beaucoup, mais Dieu soit loué, aucune maladie pour le moment ; les vaccins semblent efficaces, heureusement, tu comprendras pourquoi plus tard.

Comme prévu, nous sommes bien arrivés il y a trois semaines à Tegucigalpa, au Honduras, après un atterrissage particulièrement mouvementé. L'aéroport est entouré de montagnes et la descente fut vertigineuse, au ras des versants, digne du pire manège de La Ronde. Martine a tellement hurlé de peur dans l'avion que les agents de bord ont menacé de la bâillonner si elle ne prenait pas un calmant.

Nous avons passé notre première nuit dans une petite pension, une sorte d'auberge de jeunesse avec un immense dortoir. Bien franchement, la jeunesse n'a rien de plus magnifique que sa spontanéité et sa joie, mais elle épuise quand elle choisit de l'arroser pour mieux la célébrer. Nous soupçonnons certains d'entre eux d'avoir ajouté à l'alcool quelques produits locaux, à l'évidence hallucinogènes, certainement dans l'omelette aux champignons qu'ils ont cuisinée dans la nuit. Je ne peux te décrire la tête de Martine quand elle a vu la bande de joyeux fêtards, qui avait vidé, pour s'amuser, un de ses sacs, courir au petit matin dans la forêt en portant tous les vêtements qu'elle avait apportés pour les femmes du Honduras. Elle a eu beau les poursuivre pour tenter de les raisonner, rien n'y a fait. Quand elle a vu celui qui portait le jogging se jeter dans une mare de boue en hurlant qu'il était un flamant rose avant de le déchiqueter sous prétexte qu'il fallait le plumer, elle m'a supplié de quitter l'endroit au plus vite.

Quelques milliers de kilomètres plus bas, au Brésil, nous avons opté pour un séjour aventure de trois jours sous une tente au milieu de la forêt amazonienne, avec un guide local. Nous n'y sommes finalement restés qu'une nuit. Tout d'abord, si ces lieux magistraux t'offrent une flore grandiose quand le soleil frappe, la nuit venue, dans le noir intense, c'est la faune qui en prend possession. Dormir au milieu des cris des oiseaux et des singes hurleurs est une expérience qui nous laissera un souvenir détaillé, tant nous avons peu dormi.

Au petit matin, le temps que le guide nous prépare le petit-déjeuner, à base de feuilles de palmier saupoudrées de vers géants grillés, qui déjà donnait la nausée à Martine, une maman serpent est venue pondre dans son sac de couchage. Elle a hurlé si fort que même le guide a cru que nous étions

Ceviche de pétoncles aux fruits de la passion

PRÉPARATION : 10 minutes   PORTIONS : 4 personnes

- 8 gros pétoncles bien frais
- 60 ml (1/4 de tasse) de jus de citron vert
- Le jus de 3 fruits de la passion, sans les pépins
- 1 gousse d'ail, écrasée
- 1/2 piment fort
- 1 petit oignon, coupé finement
- 6 feuilles de coriandre, hachées
- Sel et poivre

Retirer les muscles des pétoncles et les déposer au fond d'un plat creux. Ajouter tous les autres ingrédients et laisser mariner pendant 30 à 45 minutes. Déguster bien frais.

Lufthansa
Cabo San Francisco de Paula

Enchiladas tout cochon, au parfum de chorizo

PRÉPARATION : 15 minutes   CUISSON : 45 minutes   PORTIONS : 4 personnes

- 450 g (1 lb) de porc haché
- 1 oignon, haché finement
- 125 ml (1/2 tasse) de chorizo, en dés
- 15 ml (1 c. à soupe) d'épices à tacos (épices mexicaines)
- 375 ml (1 1/2 tasse) de tomates, en dés
- 10 feuilles de coriandre
- Sel et poivre
- 4 tortillas de blé entier
- 250 ml (1 tasse) de crème sure
- 250 ml (1 tasse) de mozzarella râpée

Dans une poêle contenant un peu d'huile, cuire le porc haché avec l'oignon pendant 10 minutes à feu moyen, en remuant souvent. Ajouter le chorizo et poursuivre la cuisson pendant 5 minutes. Lorsque le porc est presque complètement cuit, ajouter les épices à tacos avec un peu d'eau. Quand tout est cuit, verser dans une passoire afin de dégraisser au maximum. Remettre la préparation de porc haché et de chorizo dans la poêle avec les tomates et cuire durant 15 minutes à feu moyen. Ajouter la coriandre et rectifier l'assaisonnement. Mettre 1 tortilla dans une assiette et la garnir d'une bonne quantité de viande. Rouler la tortilla et la mettre dans un plat allant au four. Répéter l'opération avec chaque tortilla.

Dans un bol, mélanger le reste de sauce au porc avec la crème sure. Verser le mélange de crème sur les tortillas, parsemer de fromage et cuire au four à 180 °C (350 °F) pendant environ 15 minutes. Servir immédiatement.

attaqués par un quelconque félin. Elle s'est réfugiée sur la branche d'un arbre et ça nous a pris deux heures, avec le guide, à l'en faire descendre.

Alors, voilà pourquoi je t'écris sur du papier à en-tête d'un quatre-étoiles de Bolivie, aux abords de la grande forêt, certes, mais face à une belle piscine cernée de hamacs blancs et d'un personnel aux petits soins. C'est d'autant plus important que Martine, outre qu'elle doit se protéger des piqûres de moustiques, a besoin de beaucoup de sommeil. Il lui arrive souvent de vomir et, trois fois de suite, j'ai dû réveiller le cuisinier en pleine nuit, car elle voulait une salade de cornichons. Nous ne resterons donc pas aussi longtemps que prévu sur ce magnifique territoire, mais nous tenons à aller au bout de notre chemin et rejoindrons Buenos Aires avant de rentrer chez nous. J'ai bien entendu prévenu ma mère de l'état de Martine. À ma grande surprise, elle a failli s'évanouir de bonheur en apprenant la nouvelle. Elle est aux anges. Seul petit problème, elle veut que l'enfant se prénomme Charles II, si c'est un garçon. J'ai soumis l'idée à Martine qui a rétorqué qu'il n'en était pas question. Ça promet des discussions houleuses à mon retour. J'espère que tu m'aideras.

Ton ami, Charles.

PS : J'ai, bien évidemment, pour les premiers frais inattendus, utilisé la carte de crédit que tu m'avais (sagement) conseillé d'emporter en cachette avec moi. J'ai, comme prévu, dit à Martine que tu nous avais envoyé un généreux mandat. En ne cessant de remercier ton grand cœur, elle s'est montrée catégorique : nous allions devoir te rembourser jusqu'au dernier sou. Mais en découvrant dans l'une de mes poches le montant que nous coûte l'hôtel dans lequel nous séjournons actuellement, en plus des billets d'avion que nous prendrons pour rallier plus vite l'Argentine, et les frais que tu avais déjà engagés, elle s'est mise à stresser à l'idée qu'il nous faudrait plusieurs vies pour te rembourser. Alors, vu son état, je n'ai eu d'autre choix que de tout lui dire. J'ai eu peur qu'elle m'en veuille de lui avoir menti, mais elle l'a vraiment bien pris. Non de découvrir que je suis fortuné, mais surtout, elle a apprécié que je me prive de tout pour partir avec elle, selon son propre rêve. Mais rassure-toi, les rêves vécus ne servent qu'à en faire naître d'autres. Aujourd'hui, nous passons le plus gros de notre temps à imaginer où pourrait vivre notre enfant. Comme il n'est pas question qu'il grandisse dans un appartement, je vais acheter une maison avec un jardin. Quant à l'appartement, je n'en ai plus besoin, je te l'offre. Thomas, mon ami, je te dois beaucoup. En fait, je te dois tout. Finalement, sans toi et tes « inventions », rien ne serait jamais arrivé.

Ah, j'allais oublier, quand j'ai annoncé la nouvelle à Martine, elle a été surprise, mais j'ai tout de même été surpris de son peu de surprise, comme si elle se doutait de quelque chose. Peut-être devrais-tu parler à Marie-Ève. Garde-la près de toi, c'est une femme formidable. Comme toutes les femmes formidables, il ne faut pas imaginer qu'elles ne nous comprendront pas, et surtout, ne jamais mettre de côté l'hypothèse qu'elles n'avaient pas, déjà, tout compris...

Thomas prit soin de replier la lettre qu'il glissa dans sa poche et s'approcha des photos de Charles avec sa maman, jamais décrochées des murs, comme promis. Il posa son index sur ses lèvres, puis le fit glisser sur le visage poupin qui souriait, heureux, dans l'un des cadres, derrière la vitre.

— Sacré toi ! Sacré chum !

Dulce de leche facile

PRÉPARATION : 1 minute CUISSON : 2 heures PORTIONS : 4 personnes

- 1 boîte de 300 ml (10 oz) de lait concentré sucré

Percer la boîte de 2 trous sur le dessus, puis la mettre au bain-marie, avec de l'eau jusqu'à 1 cm (1/2 po) du bord supérieur, et cuire à feu moyen en ajoutant de l'eau, pendant 2 heures. Laisser refroidir avant d'ouvrir la boîte.

Dulce de leche pour aventurier

PRÉPARATION : 5 minutes CUISSON : 1 h 30 PORTIONS : 4 personnes

- 2 l (8 tasses) de lait
- 1 kg (2,2 lb) de sucre
- 1 gousse de vanille coupée dans le sens de la longueur
- 2 graines de cardamome
- 2,5 ml (1/2 c. à thé) de cannelle en poudre

Mettre tous les ingrédients dans une casserole à fond épais et cuire à feu doux jusqu'à consistance sirupeuse (environ 1 heure 30). Filtrer et laisser refroidir avant de servir.

22.

Réfléchis, Thomas, réfléchis bien...

Une heure plus tard, Thomas frappait à la porte de l'appartement de Marie-Ève. On ne répondit pas. Il frappa encore et encore. Au bout d'un moment, on entendit des pas assourdis qui résonnèrent de plus en plus fort à mesure qu'ils s'approchaient de la porte, puis une voix s'inquiéta.

— Qui est là ?

— C'est moi, Thomas !

— Mais nous avons rendez-vous dans une heure !

— Je sais, mais... mais... tu me manquais !

— Thomas, nous avons passé la journée ensemble, je t'ai quitté il y a tout juste deux heures, tu me prends pour une idiote?

— Allez, ouvre !

Marie-Ève déverrouilla la porte et apparut enroulée dans une serviette, qui ne la cachait guère, alors que son corps ruisselait d'eau.

— Belle tactique pour débusquer une femme nue !

— Mais non... Je peux entrer ?

— Assieds-toi, je vais me rincer, me sécher, me coiffer, me maquiller, choisir quoi mettre et ainsi tenter de me faire belle pour toi.

— Mais tu es toujours belle !

— Thomas, j'ai comme l'impression que tu as quelque chose à me demander. Attends-moi, j'arrive tout de suite !

Les femmes peuvent feindre de céder à la volonté des hommes, mais feront toujours savoir que rien ne se décide si elles ne l'ont point voulu, elles aussi. Thomas tourna en rond dans le salon pendant près de soixante minutes, Marie-Ève choisissant de n'apparaître, ravissante et radieuse, qu'à l'heure exacte du rendez-vous qu'ils s'étaient donné. Il ne lui reprocha rien, mais ne voulut plus attendre une seule minute de plus.

— Dis-moi, Marie-Ève, quand as-tu su ?

— Su quoi ?

— Ben, disons que… chez moi, par exemple, c'était pas forcément chez moi ?

Marie-Ève ne parut pas surprise par la question. Elle fixa Thomas avec une tendresse infinie, mâtinée d'indulgence, le tout saupoudré d'amour.

— Je savais bien que ce moment finirait par arriver…

Thomas ne répondit pas ; des yeux, il la suppliait simplement de répondre.

— Bien franchement, croiser un pilote de ligne dans un bar à dix heures du soir, avec trois verres de vin dans le nez, à quelques heures de décoller pour un pays africain qui n'existe plus depuis presque vingt ans, commandant d'un avion qui n'a jamais été construit, m'a mis… comment dire ?… la puce à l'oreille quant à l'étendue de ton imagination ! Tu t'es magnifiquement repris avec l'histoire du millionnaire issu d'une grande famille bourgeoise, mais tu n'étais peut-être pas au meilleur endroit pour me la raconter. Ton appartement ne contenait que des photos de Charles, tout comme ton chalet, dont tu n'avais pas la clef et qui, lui aussi, ne contenait que des photos de... Charles! Tu sais, Thomas, j'ai pas eu à chercher bien loin pour comprendre... L'amour rend peut-être aveugle, mais pas idiot, ou alors jusqu'à un certain point, et seulement pour un certain temps...

— Pourquoi n'as-tu rien dit?

— Parce que j'en avais peut-être pas envie...

— J'ai dû être tellement ridicule!

— Pas du tout, au contraire même.

— Tu dis cela pour ne pas me faire de mal.

— Mais non, tu vas comprendre. Tu te souviens de notre partie de pêche?

— Je me souviens de tout.

— Tu sais, j'ai tout de même eu des chums avant toi, et dans le lot il y a eu des pêcheurs. Mais aucun ne t'arrivait à la cheville...

— Tu te moques parce que je n'ai rien attrapé ce jour-là?

Marie-Ève ne put s'empêcher de sourire. Puis, elle tendit la main pour saisir celle de Thomas.

— Mais non, c'est juste que mes anciens chums, entre deux bières, me parlaient de la façon dont on allait cuire le poisson, des trucs du genre. Mais aucun ne m'a raconté la pêche dans les nuits sans fin des fjords norvégiens.

— Mais tu le sais très bien, que je ne suis jamais allé en Norvège de ma vie!

— Peu importe, Thomas, tu m'y as emmenée.

À ce moment-là, il comprit enfin ce que voulait lui dire Marie-Ève. L'amour ne consiste pas à aimer la personne qui se présente à vous, mais à aimer qui elle est vraiment, parce que le paraître n'est finalement qu'une écorce qui parfois protège, parfois obstrue, mais cache toujours quelque chose et, des fois, le meilleur. Thomas savoura l'idée qu'il n'aurait plus besoin de jouer, plus besoin d'inventer, qu'il devrait juste être lui-même pour être aimé. Mais la vérité de l'être, une fois dévoilée, si belle soit-elle, offre toujours son noir revers et de grandes questions.

— Mais, maintenant, aimeras-tu… le vrai Thomas ?

— J'ai toujours aimé le vrai Thomas. J'ai reçu chacune de tes histoires comme le don de ton imagination à notre amour que tu te devais simplement de toujours réinventer, pour le faire durer…

— Mais alors, comment vais-je faire maintenant pour te raconter des histoires, toi qui les aimes tant, puisque tu sais tout ?

— Réfléchis, Thomas, réfléchis bien…

23.

Le plaisir est au rendez-vous !

L'église était pleine. Les femmes portaient leur plus belle robe et les hommes, leur plus beau costume. Esther, au premier rang, assise à côté de son hockeyeur face à l'autel, devant lequel le prêtre terminait de goûter le vin de messe, le regardait, attendrie, signer des autographes aux enfants de chœur. Quand l'organiste, si haut perché, entama la marche nuptiale, Stanley rangea sagement son stylo dans la poche intérieure de sa veste et se leva, comme toute l'assemblée, pour se tourner vers le portail de bois, grand ouvert.

Sous les « oh ! » et les « ah ! » d'admiration, qui à l'unisson s'échappèrent de la nef, Martine, resplendissante, les cheveux toujours rouges, tout de blanc vêtue, apparut au bras de Charles, rayonnant. D'un même pas lent, ils s'engagèrent dans l'allée. Rapidement, à la vue de la robe immaculée dont l'ampleur ne pouvait cacher la rondeur du ventre de la promise, quelques murmures inquiets se firent entendre.

— Hou là là, avec un bedon de même, j'ai bien peur qu'elle accouche pendant la messe, avant même d'être mariée !

Si la mère de Charles, à cheval sur les bonnes, mais surtout, les vieilles manières, avait vite pardonné que la conception se fasse en dehors des liens du mariage, elle s'était montrée intraitable dans sa volonté que l'enfant naisse de parents unis légalement. Martine et Charles s'étaient montrés conciliants, puisque, leur amour, ils le voyaient si grand, fort et profond, que, mariés ou pas, cela n'y changerait rien, il serait éternel. En revanche, comme l'avait redouté Charles, les négociations entre les deux femmes au sujet du prénom que porterait le bébé avaient été particulièrement houleuses. Si la mère avait dû vite renoncer à Charles II quand l'échographie avait révélé que le bébé à naître serait de sexe féminin, elle était revenue à la charge avec Charlotte, ce qui avait fait bondir Martine.

— Pour qu'à l'école on l'appelle « Charlotte au chocolat » ? Jamais ! Elle s'appellera Pauline, comme ma grand-mère.

Charles, magnanime, avait décidé de prendre l'affaire en main et avait tranché, coupant la poire en deux entre Charlotte et Pauline :

— Elle s'appellera Charline, parce que ça sonne mieux que Paulotte !

Dans l'église, Martine et Charles venaient d'atteindre le chœur, face à l'autel. Ils se tournèrent vers le portail au moment où l'organiste entamait de nouveau la marche nuptiale. Une fois encore, les invités ne purent retenir « oh ! » et « ah ! » quand apparut un autre couple.

Le sourire de Marie-Ève, au bras de Thomas, si élégant, illumina le lieu sacré. Le bonheur, s'il se savoure, peut aussi se partager et, à l'instant, il irradiait tout le monde. La future mariée portait une robe blanche, sans fioritures, qui semblait glisser sur ses formes gracieuses. Quant à Thomas, il avait renoncé au smoking noir qu'avait proposé de lui prêter Charles et opté pour une veste en toile, au col Mao, confectionnée sur mesure par ses bruyants voisins chinois qui avaient tenu à la lui offrir. Mais aujourd'hui, ce n'était plus l'apparat qui distinguait Thomas, mais celui qu'il était devenu. Dans l'église, tout le monde le savait. Enfin, presque tout le monde.

— Tu le reconnais pas? C'est l'écrivain! Tu l'as pas vu à *Tout le monde en parle?*

Parce qu'il voulait toujours raconter des histoires à Marie-Ève, Thomas avait entrepris de les écrire pour en faire un livre. Le soir même du tête-à-tête où il lui avait tout avoué, elle avait emménagé avec lui dans l'appartement que Charles lui avait offert. Chaque matin, ils partaient ensemble. Marie-Ève le déposait devant son demi-sous-sol, transformé en bureau, puis allait travailler à Air Canada. Chaque soir, aussi vite qu'elle le pouvait, elle le rejoignait et aimait le regarder écrire et lire les dernières feuilles, allongée sur le grand lit à baldaquin.

— Thomas, tu ne peux pas savoir comme je suis heureuse, j'ai toujours rêvé de m'étendre sur un lit de princesse!

Marie-Ève et Thomas rejoignirent Charles et Martine face à l'autel. Ils se sourirent et s'embrassèrent avant de se tourner, d'un même mouvement, vers le portail. Pour la troisième fois, l'organiste, qui commençait à montrer des signes de fatigue et une légitime lassitude, entama la marche nuptiale. Stanley sauta de son banc pour se placer au milieu de

Suppli de risotto et mozzarella
comme une pièce montée

PRÉPARATION : 5 minutes CUISSON : 30 minutes PORTIONS : 4 personnes

- 1 petit oignon, haché
- 15 ml (1 c. à soupe) de beurre
- Huile d'olive
- 200 g (7 oz) de riz
- 680 ml (2 3/4 tasses) de bouillon de volaille ou de légumes
- 125 ml (1/2 tasse) de parmesan
- 340 g (3/4 lb) de mozzarella, en cubes
- 2 œufs, légèrement battus
- Chapelure

Dans une casserole à fond épais, faire revenir l'oignon avec un peu de beurre et d'huile d'olive, pendant 3 minutes, à feu vif. Verser le riz, remuer et poursuivre la cuisson durant 4 minutes. Toujours à feu vif, verser le bouillon bouillant à l'aide d'une louche et laisser absorber en remuant constamment jusqu'à mi-cuisson, pendant environ 7 minutes.

Poursuivre la cuisson jusqu'à ce que le risotto soit *al dente*, soit environ 14 minutes.

Hors du feu, incorporer le beurre restant et le parmesan. Couvrir et laisser reposer pendant 2 minutes.

Rectifier l'assaisonnement. Lorsque le risotto est tiède, prendre une cuillerée à soupe de cette préparation dans la main, y déposer un cube de mozzarella, couvrir d'une autre cuillerée de riz et former une boulette. Le fromage doit être entièrement recouvert. Presser suffisamment la boulette sans l'écraser, la tremper dans les œufs, puis la rouler dans la chapelure. Répéter l'opération en utilisant tout le risotto.

Frire les boulettes dans une grande quantité d'huile chaude, jusqu'à ce qu'elles soient dorées. Égoutter sur du papier absorbant et servir aussitôt.

l'allée afin de photographier le couple qui entrait maintenant, à son tour, dans l'église.

— Si j'avais pas eu la bonne idée de sabrer la bouteille de cidre équitable avec un couteau à pain, ben, ils ne seraient pas là, ces deux-là.

Les invités, contrairement à l'organiste, semblaient ne pas se lasser du défilé des futurs mariés. D'une même voix, ils reprirent la symphonie des « oh ! » et des « ah ! ». Dans la nef, au milieu des bancs, un adolescent se leva, replaça de la main la mèche qui tombait sur ses yeux, et cria, si fier :

— Mon père, il est beau, *yo*, dans son *tuxedo* !

Quand Marie, l'œil au beurre noir, avait fondu en larmes en hurlant son insupportable solitude, Stanley, face à la peine de la femme qu'il avait déjà blessée à coup de bouchon de cidre, lui avait promis une paire de billets pour le Canadien, dans les rouges. Marie avait encore pleuré plus fort parce qu'elle n'avait personne avec qui y aller. Cela avait beaucoup touché Thomas et il avait eu la bonne idée de s'en souvenir le lendemain alors qu'il donnait un cours de français à Gérald.

— Si mon père, *yo*, il veut aller voir du hockey dans les rouges, *yo* ?

Ce soir-là, sous les yeux de Marie et du père de Gérald, Stanley avait joué un grand match, le meilleur de sa carrière selon les analystes. Au premier but du maladroit sabreur de bouteille de cidre, ses deux invités, qui ne se connaissaient pas, avaient hurlé en se levant d'un même élan. Au deuxième but, debout avant même que la lumière rouge ne se soit allumée, ils s'étaient jetés dans les bras de l'autre, toujours en hurlant. Au troisième, ils avaient sauté l'un sur l'autre, en criant plus fort encore, mais ne s'étaient jamais décollés, pour gagner, au passage, le prix du plus beau baiser de la soirée, diffusé sur l'écran géant du centre Bell.

— Mon père, *yo*, c'est plus le même. Maintenant, tu peux parler quand y a du hockey à la télé, *yo*, il dit plus rien, et s'il râle, Marie lui dit de se taire, pis il devient tout gentil, *yo* !

Quand le dernier couple rejoignit les deux autres et qu'ensemble ils se tournèrent vers l'autel, l'organiste cessa de jouer en soupirant, tout d'abord d'aise, puis souffla sur ses doigts, meurtris d'avoir tant joué du clavier. Le prêtre, qui commençait également à trouver le temps long, commença, sans plus attendre, la messe de mariage.

— Excusez-moi, mes bien chers frères et mes bien chères sœurs, mais, après ce triple mariage, j'enchaîne avec un baptême et, manque de chance, ils ont eu des sextuplés !

Quand le curé déclara mari et femme, pour le meilleur et pour le pire, chacun des trois couples, il scella des amours certes inattendues et improbables, mais dont les racines semblaient déjà bien profondes. Pour qu'une fin si belle s'offre à ce « trio en blanc sur autel accompagné à l'orgue », il avait fallu qu'un soir Thomas ait le coup de foudre pour Marie-Ève, l'accoste et la séduise en déclamant être celui qu'il n'était pas. Mais il avait aussi fallu que Marie-Ève, au lieu de repousser cet homme qui n'avait rien pour la rassurer, le comprenne, et l'aide à transformer ce qui était un vilain défaut en la plus grande des qualités. D'ailleurs, le roman qui avait consacré Thomas était largement inspiré par leur rencontre.

Souvenir d'un pilote de ligne, qui plaisait beaucoup aux femmes, tant le héros était séduisant, courageux, et parvenait à se sortir des pires situations, racontait, avec style, les grands moments de la rencontre de Thomas et de Marie-Ève. Celle-ci, lectrice assidue du manuscrit, avait cependant apporté rapidement quelques petites corrections.

— Thomas, tu ne m'as jamais amenée au chalet en Porsche et, la partie de pêche, c'est moi qui l'aie gagnée, pas toi !

— Marie-Ève, quand les mots rapportent la réalité, ils sont l'Histoire, la grande, celle des manuels scolaires. Pour devenir littérature, on se doit de les améliorer de quelques ingrédients, comme lorsque l'on cuisine. Peu importe qu'ils soient salés, sucrés ou piquants, tant que la découverte transporte les sens et que le plaisir est au rendez-vous !

Les femmes
peuvent feindre de
céder à la volonté des
hommes, mais feront
toujours savoir que
rien ne se décide si
elles ne l'ont point
voulu, elles aussi.

sommaire

Avant-propos ✦ p. 8

1. Et c'est comme ça que tout a commencé ✦ **p. 11**

2. Je vais attendre le Camerounais de dix heures ✦ **p. 19**

3. Vous allez vous régaler ! ✦ **p. 25**

4. Alors, on va dire qu'il m'attire... ✦ **p. 35**

5. Mais c'est quoi, ce bordel ? ✦ **p. 41**

6. Il est comment, son coloc ? ✦ **p. 47**

7. Thomas, regarde ce que maman t'a préparé de bon ! ✦ **p. 59**

8. Il y a quelque chose de bizarre chez vous... ✦ **p. 65**

9. C'est que demain, moi, j'ai du boulot ! ✦ **p. 73**

10. Aimez-vous les surprises, Marie-Ève ? ✦ **p. 79**

11. Il faut faire travailler les femmes ! ✦ **p. 83**

12. Ma boîte à chaussures ? ✦ **p. 93**

13. Je vais vous expliquer, Thomas… ✦ **p. 97**

14. Des fois, l'amour naît de façon si bizarre ! ✦ **p. 105**

15. Pourvu que l'amour s'invite à souper ! ✦ **p. 113**

16. Souhaite-moi bonne chance ! ✦ **p. 125**

17. J'ai rencontré l'amour ! ✦ **p.137**

18. Je lui ai dit que c'est toi qui nous l'offrais ✦ **p. 149**

19. J'ai envie de t'embrasser ✦ **p. 157**

20. J'suis plus capable de supporter ça ! ✦ **p. 167**

21. Sacré toi, sacré chum ! ✦ **p. 179**

22. Réfléchis, Thomas, réfléchis bien… ✦ **p. 189**

23. Le plaisir est au rendez-vous ! ✦ **p. 193**

Index des recettes ✦ p. 206

Index des recettes

Entrées ou canapés

Blinis de saumon fumé et crème sure, aneth et citron vert ✦ **p. 156**

Brandade de saumon fumé aux baies roses ✦ **p. 169**

Carpaccio d'agneau et vinaigrette de cidre de glace ✦ **p. 56**

Carpaccio de betterave jaune et crabe des neiges ✦ **p. 54**

Carpaccio de morue marinée et granité de lime à l'huile d'olive ✦ **p. 52**

Ceviche de pétoncles aux fruits de la passion ✦ **p. 181**

Cubes de melon grillés à l'huile de curry ✦ **p. 153**

Foie gras en croûte de sel, parfum de miel et cardamome ✦ **p. 130**

Gambas rôties et salsa de fraises à l'estragon ✦ **p. 118**

Gravlax de saumon à la japonaise ✦ **p. 72**

Œufs cocotte, crème réduite de vodka (déjeuner ou brunch) ✦ **p. 153**

Satay de poulet pancko et coco ✦ **p. 176**

Sucettes de brie aux pistaches et miel ✦ **p. 64**

Tartare d'asperges à la muscade ✦ **p. 104**

Tartare de canard aux canneberges séchées ✦ **p. 104**

Tartare de légumes, noix de pin grillées et origan ✦ **p. 172**

Tartare de pétoncles au gingembre ✦ **p. 101**

Tartare de saumon aux fines herbes ✦ **p. 101**

Velouté de maïs à la muscade ✦ **p. 140**

Plats

Carré de cerf rôti, oeufs pochés et jus de genièvre au romarin ✦ **p. 132**

Carré de porcelet légèrement fumé au cèdre ✦ **p. 162**

Ciabatta aux olives, purée de figues, prosciutto et mozzarella di buffala, roquette et balsamique ✦ **p. 69**

Couscous de crevettes et clémentines ✦ **p. 22**

Enchiladas tout cochon, au parfum de chorizo ✦ **p. 184**

Homard poché, jus de canneberge et salade de céleri à la pomme rouge ✦ **p. 120**

Pièce d'Angus juste saisie, fricassée de petites girolles aux arômes d'artichaut ✦ **p. 78**
Pizetta de pain à hot dog, salsa comme une bolognaise ✦ **p. 108**
Pommes de terre farcies d'une mousseline de thon, coulis de poivrons et de tomates épicées ✦ **p. 144**
Poulet entier, farci de laurier sous la peau, vapeur de feuilles de bananier, sauce comme un yassa (lime-piment-oignon) ✦ **p. 34**
Suppli de risotto et mozzarella comme une pièce montée ✦ **p. 198**
Tajine de légumes au cumin, aux arômes de gelée de sapin ✦ **p. 88**
Truite farcie de jeunes épinards et pain persillade aux amandes ✦ **p. 86**

Accompagnements

Courgettes grillées et huile de tomate ✦ **p. 159**
Mousseline d'aubergine et de courge aux arachides, huile vierge et tartare de tomates à la coriandre ✦ **p. 31**
Salade de jeunes laitues, mûres et cheddar, vinaigrette à l'érable ✦ **p. 82**

Desserts

Compotée tiède de pommes et orange, glace vanille aux brisures de barre Mars ✦ **p. 146**
Dulce de leche facile ✦ **p. 188**
Dulce de leche pour aventurier ✦ **p. 188**
Écume de petits fruits rouges, crème de gingembre et framboise ✦ **p. 122**
Framboises comme un mojito ✦ **p. 90**
Gâteau d'anniversaire aux saveurs exotiques ✦ **p. 96**
Moelleux minute et coulis de papaye au miel ✦ **p. 38**
Papillotes de fruits au miel à l'anis étoilé et vapeur de feuilles de maïs ✦ **p. 166**
Petits pots de chocolat et pistache, croustillant de noisettes ✦ **p. 134**
Pudding de cookies et bananes au caramel mou ✦ **p. 112**

PIERRE SZALOWSKI

Photoreporter, journaliste, graphiste, directeur artistique et de création dans le domaine de la publicité, producteur de logiciels éducatifs et de jeux vidéo, vice-président d'Ubisoft, Pierre Szalowski, toujours en quête de nouvelles aventures, est aujourd'hui scénariste, documentariste et auteur. Au cinéma, on lui doit le scénario de *Ma fille, mon ange* et la coécriture de *Décharge*. Après avoir écrit la série *Tragédies*, pour la chaîne Historia, il a réalisé son premier documentaire *On tue la une*, sur la, crise des médias, qui lui a valu d'être finaliste aux prix Gémeaux. Son premier roman *Le froid modifie la trajectoire des poissons*, drôle et touchant hymne au bonheur et à l'amour, a reçu un formidable accueil critique avant de figurer dans les meilleures ventes de livres au Québec. Bientôt adapté au cinéma, il est déjà traduit dans plus de dix langues et a remporté le Prix littéraire de la relève Archambault 2009.

Du même auteur :

Pierre Szalowski, *Le froid modifie la trajectoire des poissons*,
Les Éditions Hurtubise, Montréal, 2007

GIOVANNI APOLLO

Formé par les élèves et les disciples de Paul Bocuse ainsi que par les frères Troisgros, Giovanni Apollo a œuvré dans une vingtaine de pays avant de s'établir à Montréal. Il a rapidement imposé sa marque en offrant, chez Apollo restaurant, une carte entièrement basée sur les déclinaisons, une première mondiale. Classé en 2007 parmi les douze meilleures tables de la ville par le journal *Voir*, puis dans les deux meilleurs restaurants du Québec par les lecteurs du *National Post*, Giovanni Apollo, par sa créativité, son originalité et son audace à toujours repousser les limites, a largement contribué à faire de Montréal une capitale culinaire avant-gardiste. Il a publié *Ceci est un livre de cuisine*, aux Éditions Transcontinental, en 2007, primé aux World Cookbook Awards, et *Recettes interdites*, chez le même éditeur, en 2009. Il anime par ailleurs des chroniques culinaires à la télévision et à la radio.

Du même auteur :

Giovanni Apollo, *Ceci est un livre de cuisine*, Les Éditions Transcontinental, Montréal, 2007

Giovanni Apollo, *Recettes interdites*, Les Éditions Transcontinental, Montréal, 2009

Pierre Szalowski
Giovanni Apollo